Die Lieder
Walthers von der Vogelweide

Unter Beifügung

erhaltener und erschlossener Melodien

neu herausgegeben

von

FRIEDRICH MAURER

1. Bändchen

DIE RELIGIÖSEN
UND DIE POLITISCHEN LIEDER

MAX NIEMEYER VERLAG / TÜBINGEN 1955

ALTDEUTSCHE TEXTBIBLIOTHEK
BEGRÜNDET VON HERMANN PAUL †
HERAUSGEGEBEN VON HUGO KUHN
NR. 43

Satz und Druck H. Laupp jr Tübingen

Inhalt

	Seite
Vorwort	5
Abkürzungen	7
I. Die religiösen Lieder	9
1. Der Leich	9
2. Das Palästinalied (mit Melodie)	15
3. Das Kreuzlied	18
4. Absage an die Welt	21
5. Der „Alterston"	22
6. Reue	24
II. Die politischen Lieder	27
1. Der Reichston (mit Melodie)	27
2. Der erste Philippston	30
3. Der Wiener Hofton (mit Melodie)	33
4. Der erste Atzeton (sogen. 2. Thüringer Ton; mit Melodie)	41
5. Der zweite Philippston (mit Melodie)	43
6. Der Leopoldston (2. Atzeton, sogen. 1. Thüringer Ton)	45
7. Der Ottenton (mit Melodie)	49
8. Der Meissner Ton	52
9. Der König Friedrichston (mit Melodie)	54
10. Der Unmutston	59
11. Der Bogenerton	66
12. Der Kaiser Friedrichs- (und Engelbrechts-)ton	69
13. Der König Heinrichston (Rügeton)	72
14. Die „Elegie"	74
15. Aufforderung zum Kreuzzug	76
16. Herrendienst	77
17. Tegernsee	78
18. Einst und Jetzt	78
19. Rechte *mîlte*	79
20. Kinderzucht	79
III. Anhang 1: Zusatzstrophen zu den echten Liedern	81
A. Zusatzstrophen zum Palästinalied	81
B. Zusatzstrophen zu den politischen Liedern	82

	Seite
a) zum Wiener Hofton	82
b) zum zweiten Philippston	83
c) zum König Friedrichston	84
d) zum Bogenerton	88
e) zu „Kinderzucht"	89
IV. Anhang 2: Zweifelhaftes	90
a) Schlechte Zeiten	90
b) Jugendspiegel	91
c) Herren und Gaukler	91
d) Schlimme Zeiten	92
Konkordanz zu Lachmanns Ausgabe	92
Verzeichnis der Strophenanfänge	93

Vorwort

Es lag nahe, meinen Versuch zur Herstellung der „politischen Lieder" Walthers auch in einer reinen Textausgabe vorzulegen; es geschieht hier. Da es zugleich reizvoll und nützlich schien, die Formuntersuchungen von den politischen Liedern auch auf die übrigen auszudehnen, werden in diesem Bändchen zunächst die religiösen Lieder hinzugefügt; ein späteres soll die Liebeslieder und die Naturlieder enthalten. Es scheint mir das nicht nur eine äußerlich praktische Aufteilung, sondern auch eine innerlich begründete; stehen doch religiöse und politische Lieder vielfach in enger Verbindung, wie man etwa schwanken kann, in welche der beiden Gruppen die „Elegie" einzuordnen sei. Ich stelle sie, wie auch die „Aufforderung zum Kreuzzug", zu den politischen Liedern, da mir Werbung im Dienste Friedrichs hier das Hauptanliegen zu sein scheint; wie ich auf der andern Seite „Kreuzlied" und „Palästinalied" nach ihren Grundanliegen zu den religiösen Liedern setze. Bei den Liedern an die Frau Welt bleibt es manchmal zweifelhaft, ob sie hier oder dort ihren Platz haben sollen; ich bringe die meisten im späteren Bändchen. Das Lied *„Nieman kan mit gerten"* habe ich den politischen Liedern angereiht.

Die Begründung für die hier gewählte Form der politischen Lieder gibt das eben erschienene kleine Buch (Tübingen 1954); die Begründung für den Text der religiösen Lieder, besonders des Leichs und des Palästinalieds, erscheint im Euphorion, Band 49, 1.

Diejenigen Strophen, die ich als Zusätze zu Walthers echten Liedern betrachte, sind im ersten Anhang beigefügt. Von den „zweifelhaften" Liedern sind im zweiten Anhang nur diejenigen aufgenommen, für die die Autorschaft Walthers noch diskutierbar ist oder nach der Qualität ernsthaft in Anspruch genommen werden könnte. Danach sind als zweifellos unecht die folgenden Stücke nicht aufgenommen: Von den in Lachmanns Text stehenden: der sogen. „Fürstenspiegelton", L. 36, 11-37, 23; ferner „König Heinrich" (nach Wilmanns-Michels), L. 106, 17-107, 16; „Totenklage", L. 107, 17-108, 5; „Nachruf", L. 108, 6-13; von den „Neuen Liedern und Sprüchen", die in der neunten Auflage von Lachmanns Ausgabe hinzugefügt worden sind: *Ez sprach ein wip bi Rine* S. XXVI/XXVII; *... sin henne genomen* S. XXVIII/XXIX; *Einen tiuvel ich beswuor* S. XXIX; aus Lachmanns Anmerkungen sind nicht aufgenommen: L. 140 *Swelch man diu jar hat ane muot*; L. 148, 16 ff. *Gehovet, verhovet und ungehovet* (-150, 90); L. 153 *Der welte voget, des himels künec,* *ich lob iuch gerne;* L. 165/6 *Got welle sone welle;* L. 174 *Got herre, verre man ich dich.* Von den „unechten Liedern" aus Lachmanns Vorrede gehört keines zu den religiösen oder den politischen.

Die politischen Lieder sind meist nach dem Ton benannt; ich habe auch sonst, soweit sachlich möglich, die Namen der Lieder nach dem bisherigen Brauch gewählt, um das Zitieren zu erleichtern. Daß ich mich auch sonst bemüht habe, den Zusammenhang mit den Handschriften und der Lachmannschen Ausgabe, damit aber auch die Verbindung zu den andern Ausgaben zu wahren, zeigen die Verweise am rechten Rand der Texte.

Die Lesarten berücksichtigen die sämtlichen Abweichungen der Handschriften außer den orthographischen Varianten; der Apparat setzt sich außerdem stets mit der grundlegenden Edition von Lachmann-Kraus auseinander. Dagegen wurden nicht sämtliche Vorschläge anderer Herausgeber aufgenommen.

Daß ich die Melodien in einer Form beigeben konnte, die den Gedanken über die sprachlich-rhythmische Strophengestalt entspricht, verdanke ich der freundlichen Mitarbeit von Herrn Dr. G. Birkner; er hat sich in der Vorrede meines oben genannten Buchs selbst dazu geäußert. Die Melodie zum Palästinalied hat er hier beigefügt, und zwar nach der Form, die H. Husmann vorgeschlagen hat.

Auch für diejenigen, die meiner These der liedhaften Einheit der sog. „Sprüche" nicht zustimmen, wird, so hoffe ich, die vorliegende Ausgabe keine Nachteile, wohl aber manchen Vorzug haben. Ist doch die hier versuchte sinnvolle Ordnung jedenfalls nicht schlechter als der bisher übliche Verzicht auf jede Ordnung; und hat doch wohl der Versuch, die Töne in einer zeitlichen Folge zu geben (an Stelle ihrer zufälligen Verteilung innerhalb der großen Ausgaben, die Lachmanns Anordnung folgen), ebenso seinen Wert wie die Gruppierung der Lieder nach den drei großen Bereichen: religiöse, politische, Liebeslieder. Vor allem aber hoffe ich, in der formalen Wiedergabe der Strophen, die von der Textgestalt bis zur Zeichengebung der großen Kunst des Dichters im Ineinander von Gedanke, Satzführung und rhythmisch-melodischer Gestalt Rechnung zu tragen bemüht ist, vieles Neue zu bieten und zur Diskussion zu stellen.

S. Gutenbrunner habe ich für freundliche Hilfe bei der Korrektur zu danken.

Freiburg i. Br., 4. August 1954 *F. M.*

Die Abkürzungen im Apparat

I. Handschriften:

A = Heidelberger Hs. Nr. 357 (= „Kleine Heidelberger Liederhs.")
a = späterer Nachtrag in derselben Hs.
α = Stadtbibliothek Luxemburg, Hs. Nr. 40
B = Landesbibliothek Stuttgart, Hs. Nr. H B XIII. poet. germ. 1 (= „Weingartner Liederhs.")
C = Heidelberger Hs. Nr. 848 (= „Große Heidelberger" oder „Manessische Liederhs.")
D = Heidelberger Hs. Nr. 350
E = Universitätsbibliothek München Nr. 731 („Würzburger Liederhs.")
k = Heidelberger Hs. Nr. 341
l = Wiener Hs. Nr. 2677
M = Münchener Staatsbibliothek Clm 4660 (Hs. des Carmina Burana)
n = Ratsbibliothek zu Leipzig Nr. CCCCXXI rep. II fol. 70a
o = Staatsbibliothek Berlin Ms. germ. 4° 284, fol. 63d
r = Zentral-Bibliothek Zürich Ms. Z XI 302 (= Züricher Schwabenspiegelhs.)
t = Staatsbibliothek München cod. germ. 4997 fol. 718 (= „Kolmarer Liederhs.")
w^x = Landesbibliothek Wolfenbüttel Nr. 404. 9 Nov. 21
Z = Staatsarchiv Münster Mscr. VII, 51 („Münstersches Bruchstück").

Zum Näheren vgl. die Literatur, die in der Ausgabe von Lachmann-Kraus, 10. Aufl. (1935) in der Vorrede und in der von Wilmanns-Michels Bd. II⁴ (1924) S. 13 ff. zitiert wird.

II. Bearbeiter:

Ba. = Karl Bartsch („Klassiker des Mittelalters" Bd. I, spätere Aufl.)
Brinkm. = Hennig Brinkmann („Liebeslyrik der deutschen Frühe" 1951 und Beiträge 63, 1939, 346 f.)
Kr. = Carl von Kraus, Walther v. d. Vogelweide, Untersuchungen. 1934 und die neuen Auflagen der Lachmannschen Ausgabe
L. = Karl Lachmann in seiner Ausgabe seit 1827
L.-Kr. = die neueren Auflagen dieser Ausgabe
Mi. = Victor Michels, in der 4. Auflage der Ausgabe von Wilmanns 1924
Pf. = Franz Pfeiffer, Ausgabe in den „Klassikern des Mittelalters" Bd. 1 (1864 ff.)

R.	=	Gustav Roethe, ZfdA. 57 (1919) 130 ff. und Prager deutsche Studien 9 (1908) 505 ff.
St.	=	Walther Steller, Beiträge 45, 1921, 307 ff.
Wa.	=	Wilhelm Wackernagel u. Max Rieger, Ausg. v. 1862
Wm.	=	Wilhelm Wilmanns, Ausgabe von 1869
W.-M.	=	die 4. Auflage dieser Ausgabe von 1924

III. Sonstige neuere Literatur, die mit dem Namen der Verfasser zitiert ist:

Frantzen: Neophilologus I, 27 f.
Henschel: Theologia viatorum 1948/9, 198
Huisman: J. A. Huisman, Neue Wege zur dichterischen und musikalischen Technik Ws. v. d. V. Utrecht 1950
Kralik: D. v. Kralik, Die Elegie Ws. v. d. V.; Sitzber. der Österreich. Akademie der Wissensch., Phil.-hist. Kl. 228, 1 (1952)
Kuhn: Hugo Kuhn, Des Minnesangs Wende. 1953 (zum Leich) und „Walthers Kreuzlied und Preislied" 1936 (zum Palästinalied)
Naumann: Dichtung und Volkstum 43 (1943)
Plenio: Beiträge 39. 42. 43
Singer: Beiträge 44
Wallner: Beiträge 44

I. Die religiösen Lieder

1. Der Leich

⟨Einleitung⟩

1, 1 (L. 3, 1)
Got, diner Trinitate,
die ie beslozzen hate
din fürgedanc mit rate,
der jehen wir: mit driunge
⁵ diu drie ist ein einunge,
ein got der hohe here.

1, 2 (L. 3, 7)
Sin ie selbwesende ere
verendet niemer mere,
der sende uns sine lere.
die sinne uf mange sünde
⁵ der fürste uz helle abgründe
uns hat verleitet sere.

⟨Hauptteil I⟩

⟨1. Hälfte⟩

2, 1 (L. 3, 13)
Sin rat und broedes fleisches gir
die hant geverret, herre, uns dir.
sit disiu zwei dir sint ze balt
und du der beider hast gewalt,

2, 2 (L. 3, 17)
So tuo daz dinem namen ze lobe
und hilf uns daz wir mit dir obe
geligen, und daz din kraft uns gebe
so starke staete widerstrebe,

3, 1 (L. 3, 21)
Da von din name si geret
und ouch din lop gemeret;

3, 2 (L. 3, 23)
Da von wirt er guneret,
der uns da sünde leret,

Der Leich ist in C überliefert und in k, hier jedoch unter Vertauschung der parallel gebauten Teile (L. 5, 19–8, 3 und L. 3, 1–5, 18). Die Überlieferung im Koloczaer Kodex und in l ist ohne selbständigen Wert.

1, 1: v. 2 ie setzt L. zu; v. 3 Din k: Sin C; v. 4 Das jehe wir k; mit v. 6 pflegt man (St., L.-Kr. W.-M.) den 2. Versikel zu beginnen.

1, 2: v. 1/2 str. St.; v. 1 Din ie selbe bernde ere k; v. 2 volendet k; v. 3 so C, L., St.: nu sende uns dine lere k, Pf., Kr.; v. 4 an manic k; v. 6 steht in C und k als v. 4; hant C.

2, 1: v. 1 blodes k: boeses C u. L.: broedes Singer u. Kr., W.-M.: bloedes St.; v. 2 habent k; her C; v. 3 Sit C; Swa k; v. 4 Und C: Sint k;

3, 1: v. 1 si k: wirt C;

3, 2: v. 1 So wirt der geveret k. : guneret Wa., Kr.: geuneret C, L.; v. 2 da fehlt in k;

4, 1 (L. 3, 25)
Und der uns uf unkiusche jaget;
sin kraft von diner kraft verzaget.
des si dir iemer lop gesaget,

4, 2 (L. 3, 28)
Und ouch der reinen süezen maget,
von der uns ist der sun betaget,
der ir ze kinde wol behaget.

⟨2. Hälfte⟩
(Preis der reinen Jungfrau Maria)

5, 1 (L. 4, 2/3)
Maget und muoter, schouwe   der kristenheite not,
du blüende gerte Arones uf gender morgenrot,
    5, 2 (L. 4, 6/7)
    Ezechieles porte,   diu nie wart ufgetan,
    dur die der künec herliche wart uz und in gelan.
        5, 3 (L. 4, 10/11)
        Also diu sunne schinet   durch ganz geworhtez glas,
        also gebar diu reine Krist, diu magt und muoter was.

6, 1 (L. 4, 13/14)
Ein bosch der bran,   da nie niht an
besenget noch verbrennet wart.
    6, 2 (L. 4, 16/17)
    Breit unde ganz   beleip sin glanz
    vor fiures flamme unverschart.
        6, 3 (L. 4, 19/20)
        Daz was diu reine   magt alleine
        diu mit magetlicher art

4, 1: v. 1 Der uns ouch von kiusche jaget k;   v. 2 diner krefte k;
4, 2: v. 3 fehlt in k;
5, 1: v. 1 schowet C.
5, 2: v. 2 erlich k; in und uz k.
5, 3: wird von St. getrichen;   v. 1 gewuhrtes C;   v. 2 dich reiner krist k: diu reine Krist C.
6, 1: v. 1 pusch enpran k;
6, 2: wird von St. gestrichen;   v. 1 Breit C: Grun k; da beleip C;   v. 2 Von k; und unverschart k;
6, 3: v. 1 Daz ist k und St.;   v. 2 magetlicher k: megtlicher C: megetlicher L.-Kr.;

7, 1 (L. 4, 22)
Ir kindes muoter worden ist
an aller manne mitewist
und wider menneschlichen list
den waren Krist
⁵ gebar, der uns bedahte.

7, 2 (L. 4, 27)
Wol ir, daz si den ie getruoc,
der unsern tot ze tode sluoc!
mit sinem bluote er ab uns twuoc
den ungefuoc
⁵ den Even schulde uns brahte.

8, 1 (L. 4, 32/33)
Salomones   hohes trones
bist du, frouwe, ein selde here und ouch gebieterinne.

    8, 2 (L. 4, 35/36)
Balsamite,   margarite,
ob allen magden bist du, maget, ein magt, ein küneginne.

      8, 3 (L. 4, 38/39)
Gotes lambe   was din wambe
ein palas kleine, da ez reine lac beslozzen inne.

        9 (L. 5, 9/10)
Daz lamp ist krist,
da von du bist   nu alle frist
gehoehet und geheret.
Nu bit in daz er uns gewer
⁵ durch dich des unser dürfte ger;
du sende uns trost von himel her,
des wirt din lop gemeret.

7, 1: v. 1 Ir fehlt in C u. bei L.-Kr.;   v. 2 mitte vart C;   v. 3 fehlt in C; Und von L. erg.;   v. 4 gebar. Da von uns selden acht k;
7, 2: v. 1 Wol uns k;   v. 3 tode er abe twuc k;   v. 4 unfuog C:
8, 1: v. 1 hohen C;   v. 2 selden hers k; her Kr.;
8, 2: v. 2 ein muter ein k;
8, 3: v. 1 Gotes amme k; ez was k (Wa., Mi., St. schließen sich diesen Laa. an);   v. 2 E. p. reine C; da ez reine l. L.-Kr.: da er eine l. C: daz daz reine. lamp aleine l. k: da daz r. l. a. l. Wa., Mi.
Vor 9 stehen in k (in C nach 9 v. 4): Daz lamp (C: dem lamme) ist gar gelich gevar der maget (C: megde) schar die nement (C: nu nemt) sin war und kerent swar ez keret (C: keret swa siz keret);
9: v. 1 Das lamme ist crist / der warer got ist C: Daz lamp ist krist k: Daz l. ist der ware kr. L.: Daz l. daz ist d. vrone kr. Kr.: Daz l. ist Krist der war got ist St.   v. 2 von fehlt in k; Nu und alle frist k: fehlt in C: L.-Kr. str. *und:* St. folgt C;   v. 3 geret C;   nach v. 3 steht in C: des bistu frowe geret: fehlt in k, wird von L.-Kr. und St. als unecht betrachtet; Wa. hält es für echt;   v. 4 Du bit k;   v. 6 fehlt in k;

⟨Mittelteil⟩

10, 1 (L. 5, 19)
Maget vil unbewollen
der Gedeones wollen
gelichest du bevollen,
die got begoz mit sinem himeltouwe.

10, 2 (L. 5, 23)
Ein wort ob allen worten
entsloz dinr oren porten,
des süeze an allen orten
dich hat gesüezet, süeze himel-
    frouwe.

11, 1 (L. 5, 27)
Swaz uz dem wort erwahsen si,
daz ist von kindes sinnen fri.
ez wuohs ze gote und wart ein man,
da merket alle ein wunder an:
ein got der ie gewesende wart
ein man nach menneschlicher art.

11, 2 (L. 5, 33)
Swaz er noch wunders ie begie,
daz hat er überwundert hie.
des selben wunderaeres hus
was einer reinen megde klus
wol vierzec wochen und niht me
an alle sünde und ane we.

12, 1 (L. 5, 39)
Nu biten wir die muoter
und ouch der muoter barn
si reine und er vil guoter
daz si uns tuon bewarn.

12, 2 (L. 5, 43)
Wan ane si kan niemen
hie noch dort genesen,
und widerredet daz iemen,
der muoz ein tore wesen.

Den ganzen Mittelteil streicht St.;

10, 1: v. 1 Du m. C u. L.;   v. 2 Des G. C;   v. 3 glichest C, k, L.: Gelichest Ha., Kr.; du den vollen k;   v. 4 so Wa. u. Kr.: sinem fehlt in k: got selbe b. m. sime touwe C u. L.;

10, 2: v. 1 Din w. k;   v. 2 Beslos dinr C u. L.: Entslozzen diner k: Entsloz d. Wa. u. Kr.;   v. 3 Des s. Wa. u. Kr.: Daz s. C u. L.: Daz ist s. k; an L.: in k: ob C;   v. 4 die suze h., k;

11, 1: v. 1 Daz C u. L.;   v. 2 vor k; sinnes C;   v. 3 Ez C: Daz k; ze gote L.-Kr.: ze worte C: von kinde k;   v. 4 ein fehlt in k;   v. 5 ie wesende k;

11, 2: v. 1 noch fehlt in k;   v. 2 ie k;   v. 3 wunders C;   v. 4 meide k;

12, 1: v. 3 steht in k vor v. 2; Si guten und k;

12, 2: v. 1 si zwei kan k;   v. 3 Wider red C:

DER LEICH

⟨Hauptteil II⟩
⟨1. Hälfte⟩

2, 1a (L. 6, 7)
Wie mac des iemer werden rat
der umbe sine missetat
niht herzelicher riuwe hat?
sit got enheine sünde lat,

2, 2a (L. 6, 11)
Die niht geriuwent zaller stunt
⟨hin abe unz uf des herzen grunt⟩.
dem wisen ist daz alles kunt,
daz niemer sele wirt gesunt,
⟨diu mit der sünden swert ist wunt,⟩
sin habe von grunde heiles funt.

3, 1a (L. 6, 17)
Nu ist uns riuwe tiure
si sende uns got ze stiure

3, 2a (L. 6, 19)
Bi sinem minnefiure.
sin geist der vil gehiure

4, 1a (L. 6, 21)
Der kan wol herten herzen geben
ware riuwe und lihtez leben.
swa er die riuwe gernde weiz,

4, 2a (L. 6, 25)
Da machet er die riuwe heiz.
ein wildez herze er also zamt,
daz ez sich aller sünden schamt.

⟨2. Hälfte⟩
(Klage um den kranken *kristentuom*)

5, 1a (L. 6, 28/29)
Nu vater und sun uns sende   den rehten geist her abe,
daz er mit siner süezen fiuht(e) ein dürrez herze erlabe.

5, 2a (L. 6, 30/31)
Unkristenlicher dinge   ist diu werlt al vol
swa Kristentuom ze siechhus lit, da tuot man im niht wol.

2, 1a: v. 1 kunde C;   v. 4 dehein k; St. setzt !   nach v. 4 u. streicht die beiden folgenden Zeilen;
2, 2a: v. 1 gerewet k;   v. 2 halte ich für unecht;   v. 3 Uns ist daz allen vil wol kunt k;   v. 5 halte ich für unecht;   v. 6 von rewen helfe funt k;
3, 1a: v. 1 ruowe C;   v. 2 fehlt in k;
3, 2a: v. 1 Mit s. k;
4, 1a: v. 2 lihtez k: reines C; nach v. 2 steht in k: da wider sol niemen streben – (von L. für echt gehalten; von Schade, Kr. u. a. für unecht erklärt); v. 3 gernde Kr.: gerne Ck u. L. St.;
4, 2a: v. 1 Dem m. C;
5, 1a: v. 1 Nu sende uns vater uñ sun Ck (uns fehlt in k); den selben g. k; har abē C;   v. 2 Daz wir mit diner C; s. s. vruht dürre h. labe k; erlaben C;
5, 2a: v. 1 so k: ist al diu kristenheit so vol C u. L.-Kr., St. u. a.;   v. 2 dem tuot niemen wol k;

6, 1a (L. 6, 32/33)
In dürstet sere   nach der lere
als er von Rome was gewon.
    6, 2a (L. 6, 35/36)
    Der im die schancte   und in da trancte
    als e, da wurde er varnde von.

7, 1a (L. 6, 38)   **7, 2a (L. 7, 3)**
Swaz im da leides ie gewar,   Kristentuom und kristenheit,
daz kam von simonie gar;   der disiu zwei zesamne sneit,
nu ist er da so friunde bar,   geliche lanc, geliche breit,
daz ern getar   liep unde leit,
niht sinen schaden gerüegen.   der wolte ouch daz wir trüegen

8, 1a (L. 7, 8)
In Kriste kristenlichez leben
sit er uns hat uf ein gegeben,   so suln wir uns niht scheiden.
    8, 2a (L. 7, 11)
    Swelch kristen kristentuomes giht
    an worten und an werken niht,   der ist wol halp ein heiden.
        8, 3a (L. 7, 14)
        Daz ist nu unser meiste not:
    daz eine ist an daz ander tot,   nu stiure uns got an beiden,

        9a (L. 7, 17/18)
        Und gebe uns rat,
        sit er uns hat   sin hantgetat
        geheizen offenbare.
        Nu senfte uns, frouwe, sinen zorn,
       5 barmherzic muoter uz erkorn,
        du frier rose sunder dorn,
        du sunnevarwiu klare.

  6, 1a: v. 2 waz gewon her k;
  6, 2a: v. 1 die k: da C; da tr. C: nu tr. k;
  7, 1a: v. 3 Nu k: Und C u. L.; ist er also vreuden bar k;   v. 4 er k;
v. 5 rugen k;   **7, 2a:** v. 2 Der C: Swer k;   v. 5 Er wolte daz k;
  8, 1a: v. 1 Krist unde k;   v. 2 so Wa., Kr. u. St.; eine C u. L.; hat fehlt
in k;   **8, 2a:** v. 1 giht k: pfliget C;
  8, 3a: v. 1 Nu ist unser (uns ir St.) beider not k u. St.;
  9a: In v. 2/3 keine Lücke in Ck; Plenio vermißte hier einen Zweitakter
auf -*ât*, Kr. schließt sich ihm an.   v. 5 barm herzige k;   v. 6 frier C:
vrowe k;   v. 7 sunnen varbe k;

⟨Schlußteil⟩

13, 1 (L. 7, 25)
Dich lobet der hohen engel schar,
doch brahten si din lop nie dar
daz ez volendet wurde gar,
swaz lobes si gesungen
5 in stimmen oder von zungen
uz allen ordenungen
ze himel und uf der erde.
des manen wir dich werde

13, 2 (L. 7, 33)
Und biten umb unser schulde dich,
daz du uns sist genaediclich,
so daz din bete erklinge
vor der barmunge urspringe.
5 so han wir des gedinge,
diu schulde werde ringe,
da mite wir sere sin beladen;
hilf uns, daz wir si abe gebaden

5, 1 b (L. 8, 1)
Mit staete wernder riuwe   umb unser missetat,
Die ane got und ane dich nieman ze gebenne hat.

2. Das Palästinalied

Nach H. Husmann, Das Prinzip der Silbenzählung im Lied des zentralen Mittelalters, = Die Musikforschung VI (1953), S. 17 f.

13, 1: v. 1 lobent k;   v. 3 Das C: Do k; nach *gar* setzt Kr. mit Ba. Punkt und beginnt dann ein neues Versikel (= seinem Versikel 1!);   v. 4 Da es ie wurde g. C (dem sich L. anschließt): swa ez ie wurde g. St.;   v. 5 von z. k: us z. C;   v. 7 der fehlt in k; nach *erde* setzt Kr. mit Bartsch Komma;   v. 8 so Ba. u. Kr.: mane k: Ich mane dich gotes werde C u. L., St.;
13, 2: v. 1 Und k, Ba., Kr.: Wir C, L., St., sunde k;   v. 2 genaden rich k;   v. 4 Uz der k;   v. 5 habe k; den ged. C;   v. 6 Unser s. k;   v. 7 sere C: vrowe k;
5, 1b: v. 1 Mit starker steter rewe k;   v. 3 Die nieman ane C u. L.; Die ane dich u. ane g. k: die ane got und ane dich n. Ba., St., Kr.;

1   Nu alrest lebe ich mir werde,   L. 14, 38 (A 50; B 12; C 21;
    sit min sündic ouge siht   E 201; M; Z 4)
    daz reine lant und ouch die erde   15, 1
    den man vil der eren giht.
   5 Mirst geschehen des ich ie bat,
    ich bin komen an die stat,
    da got mennischlichen trat.

2   Schoeniu lant rich unde here,   L. 15, 6 (A 51; C 22; E 203; Z 5)
    swaz ich der noch han gesehen,
    so bist duz ir aller ere:
    waz ist wunders hie geschehen!
   5 Daz ein magt ein kint gebar
    here über aller engel schar,
    was daz niht ein wunder gar?

3   Hie liez er sich reine toufen,   L. 15, 13 (A 52; C 23; E 204; Z 8)
    daz der mensche reine si;
    Do liez er sich herre verkoufen,
    daz wir eigen wurden fri,
   5 an ers waeren wir verlorn;
    wol dir, sper kriuz unde dorn!
    we dir, heiden, deist dir zorn!

1, v. 1 Nu alrest AZ: Alrerst B: Alrerst CE: Nu lebe ich mir alrest w. M: Allererst l. i. m. w. L.-Kr.; st. lebe hat E sihe (radiert aus siche); mir vil w. B;   v. 2 ersicht Z;   v. 3 raine BC (danach Kr. reine): here A (und so L.): heilige E: schoene M: liebe Z;   v. 4 Den (so überzeugend Kr., Unters. 35 Anm. 2): Dem AEZ: Der BCM und L.-Kr.; vil der AM (und so L.): a[l] der Z: so vil BCE (und so Kr.); tugende E;   v. 5 Mirst A: Mir ist E: Nu ist MZ: Es ist BC; gesch. als ich Z; ich da bat M;   v. 7 m. stat E.; menslichen Z: menschlichen ABC.

2, v. 2 habe Z;   v. 3 So ist diz (: So bistu Z) aller lande ein ere EZ; v. 6 Herre Z; Herer denne der engel schar E;   v. 7 Enist daz Z.

3, v. 1 Sit liez E, Alrest do liez Z; reine fehlt in EZ;   v. 2 Durch daz Z; auch reine E;   v. 3 Sit do Z: Dar nach E: Do AC: Sit Kr.; herre: hie AC: hie fehlt in EZ;   v. 4 Durch daz Z; eine A; wᵃden E;   v. 6 Wanne sin sper Z: Wen sper E;   v. 7 We dir Z: Wie dir AC: Werder E; heiden daz ist dir EZ: zeiden dienst der A: ze den ist din C.

4 Hinnen fuor der sun zer helle   L. 15, 27 (A 53; B 15; C 25;
　von dem grabe, da (e)r inne lac;   E 205; Z 10)
　des was ie der vater geselle
　und der geist, den niemen mac
5 sunder gscheiden: est al ein,
　sleht und ebener danne ein zein,
　als er Abrahame erschein.

5 Do er den tievel do geschande,   L. 15, 34 (A 54; C 26; E 206; Z 11)
　daz nie keiser baz gestreit,
　do fuor er her wider ze lande:
　do huob sich der juden leit,
5 daz er herre ir huote brach,
　und man in sit lebendic sach,
　den ir hant sluoc unde stach.

6 Dar nach was er in dem lande   L. 16, 1 (E 211; Z 12; in C auf
　vierzic tage: do fuor er dar   dem Rande nach L. 16, 22 f.)
　dannen in sin vater sande:
　sinen geist, der uns bewar,
5 den sant er hin wider zehant.
　heilic ist daz selbe lant,
　sin name ist vor gote erkant.

7 In diz lant hat er gesprochen   L. 16, 8 (A 55; B 16; C 27; E 208;
　einen angeslichen tac,   Z 19)
　da diu witwe wirt gerochen

4, v. 1 Dannan E: Sint do Z; fuor er hin E; zer AE: zur Z: ze BC;   v. 2 Uz dem gr. Z; da er ABZ: dâr C: do er E: da'r Kr.; inne fehlt in Z;   v. 3 was e der Z; Des (Dest C) der vatter ie ges. BC;   v. 4 geist die n. Z; v. 5 sunder fehlt in Z; gescheiden A: Bescheiden Z: scheiden BCE und Kr.; êst al ein L.: dest alleine A: es ist ain B: es si ein C: ez ist E: Wen sie sin beide ein Z;   v. 6 Slehter denne ein zein E; danne fehlt in A.

5, v. 1 do g. A: also g C: dort g. E: dort gesande Z;   v. 2 nie ritter E; v. 3 Dannen Z; er wider EZ; heim zelande E;   v. 4 Do irhuob Z; sich do der C;   v. 5 Daz der Z: Wenne er E; herre ir CZ: h. in ir E: here huote A, Kuhn;   v. 6 Und man E, W.-Mi., Kr.: Und daz m. AC (u. L.): Unde er mit sinen ougen sach Z;   v. 7 Den sin h. Z; nuoc A.

6, v. 1 Sit was er in disem l. Z;   v. 3 Dannen fehlt in CE; D. uns sin Z; v. 4 der EZ: er C; úns Z;   v. 5 Dannen vuor er wider zu hant Z;   v. 7 name ist Z (und Mi; Kr.): der ist CE (und L.).

7, v. 1 In daz C;   v. 2 Sinen a. Z: Den vil a. E;   v. 3 der waise BC;

    4 und der weise klagen mac
    5 und der arme den gewalt
      der da wirt an ime gestalt:
      wol im dort, der hie vergalt!

8   Kristen, juden unde heiden   L. 16, 29 (A 56; B 13; C 29; E 207;
    jehent daz diz ir erbe si.   Z 6)
    got sol uns ze rehte bescheiden
    durch die sine namen dri.
  5 Al diu welt diu stritet her:
    wir sin an der rehten ger,
    reht ist daz er uns gewer.

3. Das Kreuzlied

1   Vil süeze waere minne,   L. 76, 22 (A 46; C 270)
    berihte kranke sinne,
    got, dur din anbeginne
    bewar die kristenheit!
  5 Din kunft ist fronebaere
    übr al der welte swaere,
    der weisen barmenaere,
    hilf rechen disiu leit!
    Loeser uz den sünden,
10 wir gern ze den swebenden ünden,
    uns mac din geist enzünden,
    wirt riuwic herze erkant:
    Din bluot hat uns begozzen,
    den himel uf geslozzen,
15 nu loeset unverdrozzen

7, v. 4 dú witewe BC: der weise Z: der arme A: der E;   v. 5 der weise A; v. 6 so A (und Mi., Kr.): Der an im hie wirt Z: Der mit ime wirt E: Den man hat mit ime (in C) BC: mit ime L.;   v. 7 So wol Z.

8, v. 1 Juden cristen A, vielleicht richtig? Kuhn; unde heiden AZ: und die heiden BC (und L.-Kr.): fehlt in E;   v. 2 daz dinir erbe A;   v. 3 sol uns A: muesse es BC: der muezze E: der muezes uns Z: müez ez L.-Kr.; ze rehte ABC: rehte E: fehlt in Z; bescheiden AZ: scheiden BCE u. Kr.; v. 4 der siner E: Und die heren namen dri Z;   v. 5 welt str. B; nach welt ist st dú in C gestrichen; str. der A;   v. 7 uns wer A.

1, v. 6 al Bodmer: uf AC;   v. 7 Den wisen A;   v. 10 ze den fehlt in A: zen L.

daz herebernde lant!
Verzinset lip und eigen,
got sol uns helfe erzeigen L. 77, 1
uf den der manegen veigen
der sele hat gepfant.

2 Diz kurze leben verswindet, L. 77, 4 (A 47; C 271)
der tot uns sündic vindet,
swer sich ze gote gesindet,
der mac der helle engan.
5 Bi swaere ist gnade funden:
nu heilent Kristes wunden,
sin lant wirt schiere enbunden,
dest sicher sunder wan.
Küngin ob allen frouwen,
10 la wernde helfe schouwen,
din kint wart dort verhouwen,
sin menscheit sich ergap.
Sin geist müez uns gefristen,
daz wir die diet verlisten,
15 der touf si seit unkristen,
wan fürhtent si den stap
der ouch die juden villet?
ir schrien lut erhillet,
manc lop dem kriuze erschillet:
20 erloesen wir daz grap!

3 Diu menscheit muoz verderben, L. 77, 24 (A 48; C 272)
suln wir den lon erwerben,
got wolde dur uns sterben,
sin dro ist uf gespart.
5 Sin kriuze vil geheret
hat maneges heil gemeret,
swer sich von zwivel keret,
der hat den geist bewart.
Sündic lip vergezzen,
10 dir sint diu jar gemezzen,

2, v. 14 wirt A; v. 16 fuhrten A.
3, v. 6 teil C;

       der tot hat uns besezzen
       die veigen ane wer.
       Nu hellent hin geliche
       da wir daz himelriche
    15 erwerben sicherliche
       bi dulteclicher zer!
       got wil mit heldes handen   L. 78, 1
       dort rechen sinen anden,
       sich schar von manegen landen
    20 des heilegeistes her!

4   Got, dine helfe uns sende,   L. 78, 4 (A 49; C 273)
       mit diner zesewen hende
       bewar uns an dem ende,
       so uns der geist verlat,
     5 vor helleheizen wallen,
       daz wir da in iht vallen:
       ez ist wol kunt uns allen
       wie jamerlich ez stat,
       daz here lant vil reine
    10 gar helfelos und eine,
       Jerusalem, nu weine,
       wie din vergezzen ist!
       Der heiden überhere
       hat dich verschelket sere:
    15 dur diner namen ere
       la dich erbarmen, Krist,
       mit welher not si singen
       die dort den borgen dingen,
       dazs uns also betwingen,
    20 daz wende in kurzer frist!

8, v. 12 Die vrigen ane wert A;   v. 14 Dc wir C;   v. 17 mir A;   v. 18 dinen an den A;   v. 19 vor A;   v. 20 des h. Wa. u. Kr.: Den heilegestes C: Den heiligeist A.
  4, v. 18 boegen A;   v. 19 Dc uns A.

4. Absage an die Welt

1 Fro Welt, ir sult dem wirte sagen   L. 100, 24 (A 133; C 105; w* 7)
daz ich im gar vergolten habe.
min groziu gülte ist abe geslagen,
daz er mich von dem brieve schabe.
5 swer ime iht sol, der mac wol sorgen.
e ich im lange schuldic waere, ich wolt e zeinem juden borgen.
er swiget unz an einen tac:
so wil er danne ein wette han, so jener niht vergelten mac.

2 „Walther, du zürnest ane not,   L. 100, 33 (C 106)
du solt bi mir beliben hie.
gedenke wie ich dirz erbot,
waz ich dir dines willen lie,
5 als dicke du mich sere baete.
mir was vil innecliche leit daz du daz ie so selten taete.   L. 101, 1
bedenke dich, din leben ist guot.
so du mir rehte widersagest, so wirst du niemer wol gemuot."

3 Fro Welt, ich han ze vil gesogen,   L. 101, 5 (C 107)
ich wil entwonen, des ist zit.
din zart hat mich vil nach betrogen,
wand er vil süezer fröiden git.
5 do ich dich gesach reht under ougen,
do was din schoene an ze schouwen wünneclich al sunder lougen.
doch was der schanden alse vil,
do ich dich hinden wart gewar, daz ich dich iemer schelten wil.

1, v. 1 du solt L.;   v. 3 groziu Wa., Kr.: groeste C u. L.: Min grozer gelt A: Min groze ge (hier endet w) w;.   v. 6 E ich des leides wolte pflegen. ich solte e zeimen j. b. A; wolt es zeinem C;   v. 7 Der swiget iemer unz A; v. 8 So heizet er danne ein wette geben A; so ienr C: Alse j. A.
2, v. 3 so L.-Kr.: waz ich dir eren bot C: waz ich eren bot Brinkm.;   v. 5 so Braune u. Kr.: Als du mich dicke C. u. L.;   v. 6 so L.: leit das dus so C;   v. 8 son wirst C: so L.-Kr.
3, v. 6 so Kr. nach Bartsch (mit Bedenken; s. Unters. 373): din schouwen wunderlich C: din schoener lip ze schouwen w. Brinkm.; L. nahm lücke nach *wunderlich* an.

4 „Sit ich dich niht erwenden mac,   L. 101, 14 (C 108)
   so tuo doch ein dinc des ich ger.
   gedenke an manegen liehten tac,
   und sich doch underwilent her,
 5 niuwan so dich der zit betrage."
   daz taet ich wunderlichen gerne, wan deich fürhte dine lage,
   vor der sich nieman kan bewarn.
   got gebe iu, frowe, guote naht, ich wil ze hereberge varn.

5. Der „Alterston"

1 Ir reinen wip, ir werden man,   L. 66, 21 (A 101; B 103; C 235;
   ez stet also daz man mir muoz   w˟ 2)
   er unde minneclichen gruoz
   noch volleclicher bieten an.
 5 Des   habet ir von schulden groezer reht dan e;
   welt ir vernemen, ich sage iu wes.
   wol   vierzec jar hab ich gesungen oder me
   von minnen und als iemen sol.
   Do was ichs mit den andern geil,
10 nu enwirt mirs niht, ez wirt iu gar.
   min minnesanc der diene iu dar,
   und iuwer hulde si min teil.

2 Lat mich an eime stabe gan   L. 66, 33 (A 102; B 104; C 236;
   und werben umbe werdekeit   w˟ 3)
   mit unverzageter arebeit,
   als ich von kinde habe getan:
 5 So   bin ich doch, swie nider ich si, der werden ein,

4, v. 8 gebe iu Wa. u. Kr.: gebe úch C: gebe dir L.; herberge C u. L.:
hereberge nach Plenios Vorschlag Kr.
 1, v. 1 Ir rainú BC;   v. 2 stat BC; man fehlt BC;   v. 3 hier setzt w˟
ein; v. 4 Noch A: Nu BCw; volleclichen A, Brinkm.; v. 5 hab C; ir nuo
[vo]n w; nu grosser rehte B;   v. 6 Wolt A; irz w; wes fehlt in A; v. 7 oder
me Aw: unde me BC;   v. 9 ichs w: ich ez A: ich sin BC;   v. 10 nu wirt
BC; ne wirts mir w; mir sin niht me (mere C) es w. BC;   v. 11 Min fehlt
in C; minnen sang BCw; iu fehlt in w;
 2, v. 1 es sind nur Reste dieser und der nächsten Zeile in w˟ erhalten;
v. 4 han AC;   v. 5 Swie nider ich si so bin ich doch BC;

genuoc in miner maze ho.   L. 67, 1
daz   müet di nideren; ob mich daz iht swache ? nein,
die werden hant mich deste baz.
Diu wernde wirde diust so guot,
10 **daz man irz hoehste lop sol geben.**
ezn wart nie lobelicher leben,
swer so dem ende rehte tuot.

3   Welt, ich han dinen lon ersehen,   L. 67, 8 (A 103; B 105; C 237;
swaz du mir gist, daz nimest du mir.   w^x 6)
wir scheiden alle bloz von dir:
scham dich, sol mir also geschehen.
5 Ich   han lip und sele (des was gar zevil)
gewaget tusent stunt dur dich.
nu   bin ich alt und hast mit mir din gampelspil,
und zürn ich daz, so lachest du.
Nu lache uns eine wile noch;
10 din jamertac wil schiere komen
und nimet dir swazt uns hast benomen
und brennet dich dar umbe iedoch.

4   Ich hat ein schoenez bilde erkorn,   L. 67, 32 (A 100; B 107;
owe daz ich ez ie gesach   C 239; w^x 5)
ald ie so vil zuoz ime gesprach,

2, v. 6 hoh A: hoch BC;   v. 7 Muot daz die A: Hassent das die BC: Daz müet L.;   v. 8 Die biderben A, Brinkm. u. L.: Die werden BC u. Wa., Kr.; v. 9 Dú werde BC: Der werden A, L. u. Brinkm.: Diu wernde Wa. u. Kr.; diust L.-Kr.: dú ist BC: ist A;   v. 10. irs C: ir das B: in daz A: irz Wa. u. Kr.: inz L. u. Brinkm.; beste BC; rehte fehlt in A.   v. 11 Es BC; hovelicher A;   v. 12 Denne swa man dem BC; rehte fehlt in A.
3, v. 1 lon wol gesehen A;   v. 3 alle nachent und blos C;   v. 4 súl mir alsame BC;   v. 5 Ich hatte BC; lip unde sele han ich des A;   v. 7 din BC: dir A; gumpel spil BC;   v. 8 Und zúrne ich das so BC, denen sich Paul u. Kr. anschließen: zur[n] ich [da]z so w *(hier setzt w ein)*: Ist mir daz zorn so: A und L.;   v. 9 Nu fehlt in BC; Nuo l[ach] unser eine wile ienoch w: Lache uns noch eine wile also C;   v. 10 schier uns w;   v. 11 swazt L.: swaz du A: das du BC: datz w; genomen BC;   v. 12 brinnet... dar umme noch w.
4, v. 1 schone BCw: schoene Brinkm.;   v. 2 Und owe BC u. L.: Owe A, Wa., Kr.; ichz BCw und L.: ich ez Wa., Kr.: ich A;   v. 3 Alder ie A: Unt ie w: Und ouch BC: Ald ie L.-Kr.; zuo ime BC: mit im w;

ez hat schoen unde rede verlorn.
5 Da   wonte ein wunder inne: daz fuor ine weiz war,   L. 68, 1
da von gesweic daz bilde iesa.
sin   liljerosevarwe wart so karkelvar,
daz ez verlos smac unde schin.
Min bilde, ob ich bekerkelt bin
10 in dir, so la mich uz also
daz wir ein ander vinden fro,
wan ich muoz aber wider in.

5 Min sele müeze wol gevarn!   L. 67, 20 (A 99; B 107; C 239;
ich han zer welte manegen lip   w^x 4, nur der Schluß)
gemachet fro, man unde wip;
künd ich dar under mich bewarn!
5 Lobe   ich des libes minne, deis der sele leit:
si giht, ez si ein lüge, ich tobe.
der   waren minne giht si ganzer staetekeit,
wie guot si si, wies iemer wer.
Lip, la die minne diu dich lat,
10 und habe die staeten minne wert!
mich dunket, der du hast gegert,
diu si niht visch unz an den grat.

6. Reue

1 Ein meister las,   troum unde spiegelglas   L. 122, 24 (C 435;
daz sie zem winde   bi der staete sin gezalt.   E 197)
Loup unde gras,   daz ie min fröide was,
swiech nu erwinde,   (i)z dunket mich also gestalt.   L. 122, 30
5 Dar zuo die bluomen manicvalt,

4, v. 4 Daz hat nuo w; v. 5 wonte A: wont w: was BC; wa w; v. 6 zuo ha[n]t untsweich w; v. 7 lilienrose B: lilienrose C; S[in] rose rot sin lylie wiz wart w *(hier bricht w ab)*; kackel A: karcher B: kranc C; v. 8 verlorn A; sin A u. Brinkm.; v. 9 bekerkelt bin A: gekaerchet si BC; v. 10 in dir fehlt in BC;
5, v. 1 Dú sele A; v. 4 Kunde BC; v. 5 deis L.-Kr.: dc AC: das ist B; v. 6 Si A: Und BC; v. 7 weren C; v. 8 wies L.-Kr.: weiz si A: wie si B: wie C; wert B; v. 11 mit *(g)egert* setzt w^x ein; v. 12 Dú en si Cw; vische B.
1, v. 1 Min E; troume CE; v. 4 Swiech CE: swiez L.-Kr.; ich dunke CE: iz dunket L.; v. 5 die erg. Wa.;

diu heide rot, der grüene walt,
der vogele sanc ein trurio ende hat.
Dar zuo der linde   süeze unde linde: L. 122, 35
so we dir, Werlt, wie dirz gebende stat!

2 Ein tumber wan   den ich zer welte han, L. 122, 38 (C 436; E 198)
derst wandelbaere,   wand er boesez ende git.   L. 123, 1
Ich solt in lan,   kund ich mich wol verstan,
daz er iht baere   miner sele grozen nit.   L. 123, 5
5 Min armez leben in sorgen lit,
der buoze waere michel zit;
nu fürhte ich siecher man den grimmen tot.
Daz er mit swaere   mir geswaere,   L. 123, 10
vor vorhten bleichent mir die wangen rot.

3 Wie sol ein man   der niuwan sünden kan   L. 123, 13 (C 437;
zer werlt gedingen   oder gewinnen hohen muot?   E 199)
Sit ich gewan   den muot daz ich began
zer werlte dingen   merken übel unde guot: L. 123, 20
5 Do greif ich, als ein tore tuot,
zer winstern hant reht in die gluot
und merte ie dem tiefel sinen schal.
Des muoz ich ringen   mit geringen: L. 123, 25
nu ringe und senfte ouch Jesus minen val.

4 Heiliger Krist,   sit du gewaltic bist   L. 123, 27 (C 438; E 200)
der welt gemeine   die nach dir gebildet sint,   L. 123, 30

1, v. 7 vogellin CE u. W.-M.: vogele L.-Kr.;   v. 8 der l. C: ein l. E: diu l. L.;

2, v. 2 boezs C;   v. 3 lassen CE; kund ich Kr.: wan ich C, L.: Wenne ich E;   v. 4 baere L.: gebere CE; grozen nit L.: grosse not CE;   v. 7 man vil ange 'n tot Singer;   v. 8 mir geswaere Kr.: an mir gebere CE, L.; v. 9 wange E;

3, v. 2 zer werlt erg. Wa.: Genaden erg. Kr. u. schreibt dingen: CE hat nur *gedingen;*   v. 4 merkent E;   v. 6 so Wa., Kr.: vinstern CE, L.;   v. 8 so L.: mit sorgen CE;

4, v. 2 welte CE, L.: welt Wa., Kr.; sin C;

Gip mir die list   daz ich in kurzer frist
alsam gemeine   dich sam din erwelten vint.
5 Ich was mit sehenden ougen blint   L. 123, 35
und aller guoten sinne ein kint,
swiech mine missetat der welte hal.
Mach e mich reine,   e min unreine
versenke mich in daz verlorne tal.   L. 123, 40

4, v. 3 den l. L.;   v. 3/4 so L., aber *kint:* das ich dich in kurzer frist Alsam dine erwelten kint gemeine CE;   v. 5 sehenden L.: ges. CE;   v. 6 sinne ein rint L.: g. dinge ein kint CE;   v. 7 missetat bevorne hal Singer; v. 8 Mache mich CE: Mach e m. L.;   v. 8/9 so Wa., Kr.: e min gebeine versenke sich L.: e min sele versenke sich E: e m. s. versinke C: e min unreine sele versinke in ... Naumann;

II. Die politischen Lieder
1. Der Reichston (1198-1201)

1 Ich saz uf eime steine   L. 8, 4 (A 43; B 18; C 1)
 und dahte bein mit beine.
 dar uf satzt ich den ellenbogen,
 ich hete in mine hant gesmogen
5 daz kinne und ein min wange.
 do dahte ich mir vil ange,
 wie man zer welte solte leben.
 deheinen rat kond ich gegeben,
 wie man driu dinc erwurbe,
10 der keines niht verdurbe.
 diu zwei sint ere und varnde guot,
 daz dicke ein ander schaden tuot.
 daz dritte ist gotes hulde,
 der zweier übergulde.
15 die wolte ich gerne in einen schrin:
 ja leider desn mac niht gesin,
 daz guot und weltlich ere
 und gotes hulde mere
 zesamene in ein herze komen:
20 stige und wege sint in benomen.
 untriuwe ist in der saze,
 gewalt vert uf der straze,
 fride und reht sint sere wunt.
 diu driu enhabent geleites niht, diu zwei enwerden e gesunt.

2 Ich horte ein wazzer diezen   L. 8, 28 (A 44; B 20; C 3)
 und sach die vische fliezen;
 ich sach swaz in der welte was,
 velt, walt, loup, ror unde gras.
5 swaz kriuchet unde fliuget
 und bein zer erde biuget,

1, v. 1 ainen B;   v. 2 Do dahte ich BC;   v. 3 saste ich ABC; satzt L.; den A: min BC;   v. 5 Min kinne A;   v. 7 Wes man A;   v. 8 ich mir BC; v. 10 Der deheines BC: Der deheinoz A; der keines L.;   v. 12 Der ietweders dem andern schaden tuot BC;   v. 16 des enmac niht sin A: des mac niht gesin BC: desn mac niht gesin L!;   v. 17 weltliche A;   v. 19 zesame A; In ainen schrin mugin komen BC;   v. 20 Stig unde L.-Kr.; genomen BC; v. 22 vert A: ist BC;   v. 23 unde L.-Kr.; sere A: baide B: beidiú C;   v. 24 en fehlt in BC (zweimal).
 2, v. 1 ain A: dú BC;   v. 4 Walt velt BC; lop rot A;   v. 5 Swas flússet oder flúget BC;   v. 6 Oder BC; erden A;

daz sach ich, unde sage iu daz:
der keinez lebet ane haz.
daz wilt und daz gewürme
10 die stritent starke stürme;   L. 9, 1
sam tuont die vogel under in,
wan daz si habent einen sin:
si duhten sich ze nihte,
si enschüefen starc gerihte.
15 si kiesent künege unde reht,
si setzent herren unde kneht.
so we dir, tiuschiu zunge,
wie stet din ordenunge!
daz nu diu mugge ir künec hat,
20 und daz din ere also zergat!
bekera dich, bekere,
die cirkel sint ze here,
die armen künege dringent dich.
Philippe setze en weisen uf, und heiz si treten hinder sich!

3   Ich sach mit minen ougen   L. 9, 16 (A 45; B 19; C 2)
manne und wibe tougen,
daz ich gehorte und gesach
swaz iemen tet, swaz iemen sprach.
5 ze Rome horte ich liegen
und zwene künege triegen.
da von huop sich der meiste strit
der e was oder iemer sit,
do sich begunden zweien
10 die pfaffen unde leien.
daz was ein not vor aller not,

2, v. 8 Der dekeinez A; Dehaines BC;   v. 10 stritten BC;   v. 11 Same A: Also BC;   v. 13 Si en duhten sich ze niht A; Sú waeren anders ze nihte BC: Si d. s. ze nihte L.;   v. 14 Si schuefen A: Su schaffent BC: si enschüefen L.; guot BC: starc A;   v. 15 Si setzent BC;   v. 16 Und schaffent BC;   v. 17 Owe A; v. 18 stat BC; v. 22 cirkel C: cirken A: kilchen B; sin C;   v. 24 en L.: ein A: den BC.
3, v. 1 bis 4 fehlen in A;   v. 2 Man vn̄ wip BC: mann unde wibe Wa. und Kr.: manne und wibe L.;   v. 3 Da ich BC: deich L.: daz ich Michels und Kr.;   v. 5 Ich horte in rome liegen A;   v. 6 Und fehlt in A; kriegen C;   v. 8 Der e wart oder sit BC;   v. 9 Der begonde sich zweien A;   v. 10 Die fehlt in BC;   v. 11 Da BC; von A;

lip und sele lac da tot.
die pfaffen striten sere,
doch wart der leien mere.
15 diu swert diu leiten si dernider,
und griffen zuo der stole wider.
si bienen die si wolten
und niht den si solten.
do storte man diu goteshus.
20 ich horte verre in einer klus
vil michel ungebaere;
da weinte ein klosenaere,
er klagete gote siniu leit:
„Owe der babest ist ze junc; hilf, herre, diner kristenheit!"

2. Der erste Philippston (etwa 1202/03)

1   Do Friderich uz Osterrich also gewarp,   L. 19, 29 (B 111)
    daz er an der sele genas und im der lip erstarp,
    do fuort er minen krenechen trit in derde.
    Do gieng ich slichent als ein pfawe swar ich gie,
  5 daz houbet hanht ich nider unz uf miniu knie:
    nu rihte ich ez uf nach vollem werde.
    Ich bin wol ze fiure komen,
    mich hat daz riche und ouch diu krone an sich genomen,
    wol uf, swer tanzen welle nach der gigen!
  10 Mir ist nu miner swaere buoz: L. 20, 1
    erste wil ich eben setzen minen fuoz
    und wider in ein hochgemüete stigen.

2   Diu krone ist elter danne der künec Philippes si, L. 18, 29 (B 109;
    da mugent ir alle schouwen wol ein wunder bi,   C 291)

    8, v. 14 leien BC: lere A;   v. 15 swert diu A: swerte B: swert C; si fehlt in A; da nider BC;   v. 16 Sú griffen an die BC;   v. 18 niut A;   v. 20 Do horte ich BC.
    1: v. 1 Oesterrich B;   v. 2 Das er B: Der L.=Kr;   v. 3 miner kraenechen B: minen Wa.; in derde L.: in die erde B;   v. 10 ist miner B; v. 12 stigen L.: sigen B.
    2: v. 1 phylippe B;   v. 2 da mugint ir merken unde schouwen wunder bi B;

wies ime der smit so ebene habe gemachet.
Sin keiserlichez houbet zimt ir also wol,
5 daz si ze rehte nieman guoter scheiden sol:
ir dewederz da daz ander niht enswachet.
Si liuhtent beide ein ander an,
daz edel gesteine wider den jungen süezen man:
die ougenweide sehent die fürsten gerne.   L. 19, 1
10 Swer nu des riches irre ge,
der schouwe wem der weise ob sime nacke ste:
der stein ist aller fürsten leitesterne.

3   Ez gienc eins tages als unser herre wart geborn   L. 19, 5 (B 108.
    von einer maget dier im ze muoter hat erkorn   C 291)
    ze Megdeburc der künec Philippes schone.
    Da gienc eins keisers bruoder und eins keisers kint
5   in einer wat, swie doch die namen drige sint,
    er truoc den zepter und des riches krone.
    Er trat vil lise, im was niht gach,
    im sleich ein hohgeborniu küneginne nach,
    rose ane dorn, ein tube sunder gallen.
10 Diu zuht was niener anderswa:
    die Düringe und die Sahsen dienten also da,
    daz ez den wisen muoste wol gevallen.

4   Philippes künec, die nahe spehenden zihent dich,   L. 19, 17 (B 110.
    dun sist niht dankes milte: des bedunket mich   C 293)
    wie du da mite verliesest michels mere.
    Du möhtest gerner dankes geben tusent pfunt
5   dan drizec tusent ane danc. dir ist niht kunt

2: v. 3 ime fehlt B;   v. 4 ir also C, der krone B;   v. 5 Ze reht sú nieman von ainander schaiden sol B;   v. 6 Ietweders tugende niht des andern swachet B;   v. 7 lichent C;   v. 8 unde der tugenthafte man B;   v. 9 Ir ougen waide B;   v. 10 nu fehlt B;   v. 11 an sinem B.
3: v. 2 megde B;   v. 3 phylippe B;   v. 4—5 Er ist baidú kaisers bruoder und ist kaisers kint. In ainer waete swie doch der namen zwene sint;   v. 6 so Henschel, Theologia viatorum 1948/49 S. 198: Er truoc den zetmen und des riches krone B: des riches zepter und die kr. C;   v. 7 vil lise C: gemach B;   v. 9 ros B;   v. 10 Dú vroede was da nien anderswa B.
4: v. 1 Künig phylippe din anesehenden B;   v. 2/3 Du siest dankes niht so milt des dunket mich. So ane dank dir ist niht kunt umbe ere B.

wie man mit gabe erwirbet pris und ere.
Denk an den milten Salatin:
der jach daz küneges hende dürkel solten sin,
so wurden si erforht und ouch geminnet.
10 Gedenke an den von Engellant,
wie tiure er wart erlost von siner gebenden hant:
ein schade ist guot, der zwene frumen gewinnet.

5 Der in den oren siech von ungesühte si,   L. 20, 4 (B 112)
daz ist min rat, der laz den hof ze Dürengen fri,
wan kumet er dar, deswar er wirt ertoeret.
Ich han gedrungen unz ich niht me dringen mac:
5 ein schar vert uz, diu ander in, naht unde tac;
groz wunder ist daz iemen da gehoeret.
Der lantgrave ist so gemuot,
daz er mit stolzen helden sine habe vertuot,
der iegeslicher wol ein kenpfe waere.
10 Mir ist sin hohiu fuore kunt:
und gulte ein fuoder guotes wines tusent pfunt,
da stüende ouch niemer ritters becher laere.

5: v. 4 me gedringen B; v. 12 stuent doch B: stüende ouch L.

3. Der Wiener Hofton (etwa 1206)

1 Mit saelden müeze ich hiute ufsten, L. 24, 18 (C 304; D 248)
   got herre, in diner huote gen
   und riten swar ich in dem lande kere.
   Krist herre, laz mir werden schin
5 die grozen kraft der güete din,
   und pflic min wol dur diner muoter ere.
   Als ir der heilig engel pflaege,
   unt din, der in der krippen laege,
   junger mensch und alter got,
10 Demüetic vor dem esel und vor dem rinde,
   und doch mit saeldenricher huote
   pflac din Gabriel der guote
   wol mit triuwen sunder spot;
   als pflig ouch min, daz an mir iht erwinde
15 din vil götelich gebot.

2 Swer ane vorhte, herre got, L. 22, 3 (C 298; D 244)
   wil sprechen diniu zehen gebot,
   unt brichet diu, daz ist niht rehtiu minne.
   Dich heizet vater maneger vil:
5 swer min ze bruoder niht enwil,
   der spricht diu starken wort uz krankem sinne.
   Wir wahsen uz gelichem dinge:
   spise frumet uns, diu wirt ringe,
   so si dur den munt gevert.
10 Wer kan den herren von dem knehte scheiden,
   swa er ir gebeine blozez fünde,
   het er ir joch lebender künde,
   so gewürme dez fleisch verzert?
   im dienent kristen, juden unde heiden.
15 elliu leben din wunder nert.

1, v. 3 Unde riten in dem lande swar ich kere D; v. 4 lasse C; an mir C D; an tilgt L., an mir laz? Kr.; v. 8 der Kr.: do du C D; v. 15 dc din vil göttelich C: Din vil volliclich D.
2, v. 2 Sprichet gerne din gebot D; v. 3 wariu D; 1. diz st. diu? Kr.; v. 4 menigi D; v. 5 mine D; v. 6 diu grozen wort mit kranken sinnen D; v. 7 gelichen dingen D; v. 8 si wirt D; v. 10 gescheiden C; v. 11 Swa er D: Swer C; v. 12 Unde het er ir nit lebendic kúnde D; v. 13 E daz gewúrme D; dez Kr.: daz CD; v. 14 unde fehlt D; v. 15 so R.: der ellú lebendú w. n. C: d. e. lebenden w. n. D.

3   Waz wunders in der werlte vert!   L. 20, 16 (C 294; D 245)
      wie manic gabe uns ist beschert
      von dem der uns uz nihte hat gemachet!
      Dem einen git er schoenen sin,
    5 dem andern guot und den gewin,
      daz er sich mit sin selbes muote swachet.
      Den armen man mit guoten sinnen
      sol man für den richen minnen,
      ob er eren niht engert.
  10 Ja enist ez niht wan gotes hulde und ere,
      dar nach diu welt so sere vihtet:
      swer sich so ze guote gpflihtet
      daz er der beider wirt entwert,
      dern habe ouch hie noch dort niht lones mere;
  15 er si guotes hie gewert.

4   Swer houbetsünde unt schande tuot   L. 22, 18 (C 299; D 246)
      mit siner wizzende umbe guot,
      den sol man niht für einen wisen nennen.
      Swer guot von disen beiden hat,
    5 swerz an im weiz unt sichs verstat,
      der sol in zeinem toren baz erkennen.
      Der wise minnet niht so sere,
      als die gotes hulde und ere:
      sin selbes lip, wip unde kint,
  10 Diu lat er e er disiu zwei verliese.
      er tore, er dunket mich niht wise
      und ouch der sin ere prise,
      ich wæn si beide toren sint.
      er gouch, swer für diu zwei ein anderz kiese!
  15 derst an rehten witzen blint.

3, v. 4 guoten sin D;   v. 5 schatz D;   v. 6 von D; guote C;   v. 7 Den a. R.: Armen CD;   v. 9 Ist daz der riche nit eren gert D;   v. 11 so starke D; l. der werde sere? Kr.;   v. 12 Swer sich zeguote also verpflihtet C: Swer sich also D;   v. 13 der fehlt C;   v. 14 Der habe hie D;   v. 15 Wan si eht g. C: Er si des g. D.

    4, v. 2 Mit sinen wizzen unbehuot D;   v. 3 Sol man den für einen wisen nennen C: niht zehant gar w. D;   v. 5 Der daz an im weiz D;   v. 6 Der mac in vúr toren D;   v. 7 Die wisen minnent C;   v. 8 Alsam die g. C: also g. D;   v. 9 sinen lip Pf.;   v. 12 Unde ouch ienr derz im prise D;   v. 13 Ich wene C D: wæn R. („vgl. 34, 33");   v. 14 iht anders D;   v. 15 derst R.: Der ist CD; sinnen D.

5 Junc man, in swelher aht du bist,   L. 22, 33 (B 38; C 300; D 247)
   ich wil dich leren einen list:
   du la dir niht ze we sin nach dem guote.
   La dirz ouch niht zunmaere sin,
 5 und volges du der lere min,
   so wis gewis, ez frumt dir an dem muote.   L. 23, 1
   Die rede wil ich dir baz bescheiden:
   last du dirz ze sere leiden,
   zerget ez, sost din fröide tot.
10 Wilt aber du daz guot ze sere minnen,
   du maht verliesen sele und ere;
   da von volge miner lere:
   leg uf die wage ein rehtez lot!
   und wig ouch dar mit allen dinen sinnen,
15 als ez diu maze uns ie gebot.

6 Ob ieman spreche, der nu lebe,   L. 25, 26 (C 307)
   daz er gesaehe ie groezer gebe,
   als wir ze Wiene haben dur ere enpfangen?
   Man sach den jungen fürsten geben,
 5 als er niht lenger wolte leben:
   da wart mit guote wunders vil begangen.
   Man gap da niht bi drizec pfunden,
   silber, als ez waere funden,
   gap man hin und riche wat.
10 Ouch hiez der fürste durch der gernden hulde
   die stelle von den märhen laeren;
   ors, als ob ez lember waeren,
   maneger dan gefüeret hat.
   ezn galt da nieman siner alten schulde.   L. 26, 1
15 daz was ein minneclicher rat.

5, v. 1 Junge B; ahte D;   v. 5 volge B;   v. 6 Und tuost du das es frumpt dich B;   v. 7 Der rede la du dich bas B;   v. 8 Und last B: Und las D; dir ze sere iht B;   v. 9 Zergat BC; Zerstuz R.; so ist BCD; din ere B;   v. 10 Wilt aber du es danne minnen al ze sere B;   v. 11 Da mitte verlúsest du sele B;   v. 12 Noch so volge B;   v. 13 Unde lege B; und leg uf ein r. l. R.; v. 14 ouch CD: es B;   v. 15 Als es C: Also D: Reht alse B; uns CD: eht B.
6, v. 3 dur ere haben C;   v. 9 wan silber C: wan tilgt R.;   v. 11 so L.: die malhen von den stellen lern C;   v. 13 vil maniger C: vil tilgt R.

7   Mir ist verspart der saelden tor,   L. 20, 31 (C 295; D 250)
       da sten ich als ein weise vor:
       mich hilfet niht swaz ich dar an geklopfe.
       Wie möht ein wunder groezer sin:
   5 ez regent bedenhalben min,
       daz mir des alles niht enwirt ein tropfe.
       Des fürsten milte uz Osterriche   L. 21, 1
       fröit dem süezen regen geliche
       beidiu liute und ouch daz lant.
 10 Er ist ein schoene wol gezieret heide
       dar abe man bluomen brichet wunder:
       braeche mir ein blat dar under
       sin vil milte richiu hant,
       so möhte ich loben die liehten ougenweide.
 15 hie bi si er an mich gemant.

8   Der hof ze Wiene sprach ze mir: L. 24, 33 (C 305; D 249)
       „Walther, ich solte lieben dir,
       nu leide ich dir, daz müeze got erbarmen.
       Min wirde diu was wilent groz:
   5 do lebte niender min genoz,
       wan künec Artuses hof, so we mir armen!   L. 25, 1
       Wa sint nu ritter unde frouwen,
       die man bi mir solte schouwen?
       seht wie jaemerlich ich ste!
 10 Min dach ist ful, so risent mine wende:
       mich enminnet nieman leider,
       silber, golt, ros unde kleider
       gab ich unde hat ouch me.
       nun hab ich weder schapel noch gebende
 15 noch frouwen zeinem tanze, owe!"

    7, v. 9 ouch fehlt C;   v. 10 Erst C; Er ist ein wúnnevroudeberndiu h. D; v. 11 Man mac da bluomen brechen wnder D;   v. 12 Vnd breche C; Wúrde mir ein blat dar under D;   v. 13 Sin C: ein Kr.: Unt gebe mir daz sin milte hant D;   v. 14 wolt ich D; die süezen o. C.
    8, v. 2 Walther nu solt ich D;   v. 4 Hie bevor do was min vröude groz D; v. 5 niender C: nieman D;   v. 6 künec fehlt in D;   v. 7 sint fehlt in C; v. 8 an mir D;   v. 9 wi rehte iemerlich D;   v. 10 so C: unt D;   v 11 en fehlt in D;   v. 12 golt silber ros und darzuo kleider C;   v. 13 Die gab C: Di gab D; hat ouch C: gab noch D;   v. 14 Nu han ich D.

9 Ez troumte, des ist manic jar,   L. 23, 11 (C 301; D 239)
   ze Babilone, daz ist war,
   dem künege, ez würde boeser in den richen.
   Die nu ze vollen boese sint,
5 gewinnent die noch boeser kint,
   ja herre got, wem sol ich diu gelichen?
   Der tievel waer mir niht so smaehe,
   quaeme er dar da ich in saehe,
   sam des boesen boeser barn.
10 Von der geburt enkumt uns frum noch ere.
   die sich selben so verswachent
   und ir bosen boeser machent,
   an erben müezen si vervarn!
   daz tugendeloser herren werde iht mere,
15 daz solt du, herre got, bewarn.

10 Die veter habent ir kint erzogen,   L. 23, 26 (C 302; D 240)
   dar ane si bede sint betrogen:
   si brechent dicke Salomones lere.
   Der sprichet, swer den besmen spar,
5 daz der den sun versume gar:
   des sint die ungeberten gar an ere.
   Hie vor do was diu welt so schoene,
   nust si worden also hoene:
   des enwas niht wilent e.
10 Die jungen habent die alten so verdrungen.
   spottent also dar der alten!
   est iu selben noch behalten,
   beit unz iuwer jugent zerge!
   swaz ir in tuot, daz rechent iuwer jungen.   L. 24, 1
15 daz weiz ich wol und weiz noch me.

   9, v. 1 dest C; v. 3 Eime kúnige D; v. 4 boeser C; vollenbose D; v. 6 waz sol sich den gelichen D; v. 8 dar da C: da D; sehe C: gesehe D; v. 9 Als des boser barn D; v. 11 also swachent D; v. 9 boeser boeser C; v. 13 ane erben si vervarn?; erbe D; v. 14 icht werde C.
   10, v. 4 Der leret D; v. 5 versumet D; v. 6 ungeberten L.: ungebatten D: Des sint si ungebachen und an ere C; v. 7 bevor D; v. 8 nust R.: Nu ist CD; v. 10 gar D; v. 11 Und sp. C: Nu sp. D; v. 12 est R.: ez wirt CD; v. 13 Beit L.: Beitent C: Beitet D; v. 14 in D: nu C; danne uwere iunge D; v. 15 wol fehlt in D.

11 Wer zieret nu der eren sal?   L. 24, 3 (C 303; D 241)
der jungen ritter zuht ist smal:
so pflegent die knehte gar unhövescher dinge.
Mit worten und mit werken ouch,
5 swer zühte hat, der ist ir gouch:
nemt war wie gar unzühte für sich dringe.
Hie vor do berte man die jungen,
die da pflagen frecher zungen:
nu ist ez ir werdekeit.
10 Si schallent unde scheltent reine frouwen.
we ir hiuten und ir haren,
die niht kunnen fro gebaren
sunder wibe herzeleit!
da mac man sünde bi der schande schouwen,
15 die maniger uf sich selben leit.

12 Owe dir, Welt, wie übel du stest!   L. 21, 10 (C 296; D 242)
waz dinge du alz an begest,
diu von dir sint ze lidenne ungenaeme!
Du bist vil nach gar ane scham,
5 got weiz ez wol, ich bin dir gram:
din art ist elliu worden widerzaeme.
Waz eren hast uns her behalten?
nieman siht dich fröiden walten,
als man ir doch wilent pflac.
10 We dir, wes habent diu milten herze engolten?
für diu lopt man die argen richen:
Welt, du stest so lasterlichen,
daz ichz niht betiuten mac.
triuwe unde warheit sint vil gar bescholten.
15 daz ist aller eren slac.

11, v. 5 pfligt D; v. 6 unfuore D; v. 7 bevor D; v. 9 Daz ist nu ir D;
v. 10 reine C: guote D; v. 11 ir hûte. we ir D; v. 14 den schanden D;
v. 15 Di maniger ane not uf sich leit D.
12, v. 1 So we C; v. 2 alz an L.: alsan C: allez an D; v. 5 ez fehlt in
C; v. 7 has du uns D; v. 8 dich C: nu D; v. 9 doch fehlt in D; v. 14
unde R.: und L.; v. 15 ist ouch aller C.

13   Nu wachet! uns get zuo der tac,   L. 21, 25 (B 39; C 297; D 243)
gein dem wol angest haben mac
ein ieglich kristen, juden unde heiden.
Wir han der zeichen vil gesehen,
5 dar an wir sine kunft wol spehen,
als uns diu schrift mit warheit hat bescheiden.
Diu sunne hat ir schin verkeret,
untriuwe ir samen uz gereret
allenthalben zuo den wegen.
10 Der vater bi dem kinde untriuwe vindet.
der bruoder sinem bruoder liuget,
geistlich leben in kappen triuget,
die uns ze himel solten stegen.
gewalt get uf, reht vor gerihte swindet.   L. 22, 1
15 wol uf! hiest ze vil gelegen.

13, v. 2 Des angest vil wol haben mag B;   v. 3 Ein ieslich D; cristan iude B;   v. 5/6 Dabi wir mugen die warheit spehen. Als úns dú schrift wol an den buochen kan beschaiden B;   v. 7 Der sunne hat sinen B;   v. 8 untriuwe BCD: werre R.:   v. 9 Baidenhalben B;   v. 10 An (so!) vatter vint untrúwe an sinem kinde B;   v. 11 Ain bruoder B;   v. 12 Geislich C: Manic geistlich D; leben B: orden CD; in kutten B;   v. 13 uns fehlt in B;   v. 14 Unreht gewalt der dringet balde fúr gerihte B;   v. 15 Wol uf C: Nu wol uf B: Wol hin D; hiest R.: hie ist BCD; zevil CD: gnuog B.

4. Der erste Atzeton
(sog. „Zweiter Thüringer" Ton, vor 1207)

1 Mir hat her Gerhart Atze ein pfert erschozzen zIsenache;
daz klage ich dem den er bestat:
derst unser beider voget.
5 Ez was wol drier marke wert,
nu hoerent frömde sache:
sit daz ez an ein gelten gat,
wa mit er mich nu zoget.
Er seit von grozer swaere,
10 wie daz min pferit maere

L. 104,7 (C 122)

1, v. 10 wie daz W.-M.: wie min pferit L.: Wie min pfert C;

dem rosse sippe waere,
daz im den vinger abe
gebizzen hat ze schanden:
ich swer mit beiden handen,
15 daz si sich niht erkanden,
ist ieman der mir stabe?

2   Swa guoter hande wurzen sint   L. 103, 13 (C 120)
    in einem grüenen garten
    bekliben, die sol ein wiser man
    niht lazen unbehuot.
  5 Er sol si schirmen als ein kint
    mit ougenweide in zarten:
    da lit gelust des herzen an,
    und git ouch hohen muot.
    Si boese unkrut dar under,
 10 daz breche er uz besunder
    (lat erz, daz ist ein wunder),
    und merke ob sich ein dorn
    mit kündekeit dar breite,
    daz er den furder leite
 15 von siner arebeite,
    sist anders gar verlorn.

3   Uns irret einer hande diet: L. 103, 29 (C 121)
    der uns die furder taete,
    so möhte ein wol gezogener man
    ze hove haben die stat.
  5 Die lazent sin ze spruche niet,
    ir drüzzel derst so draete:
    kund er swaz ieman guotes kan,
    daz hulfe niht ein blat.
    „Ich und ein ander tore
 10 wir doenen in sin ore,
    daz nie kein münch ze kore   L. 104, 1
    so sere me geschrei."

2, v. 5 si schirmen Kr.: in spilen vor C;   v. 6 in fügt L. zu;   v. 11 l. erz,
des wehset wunder L.s Vorschlag in der Anm., von Kr. in den Text gesetzt;
3, v. 10 toenen C;

gefüeges mannes doenen
daz sol man wol beschoenen,
15 des ungefüegen hoenen:
hie get diu rede enzwei.

5. Der zweite Philippston (etwa 1207/08)

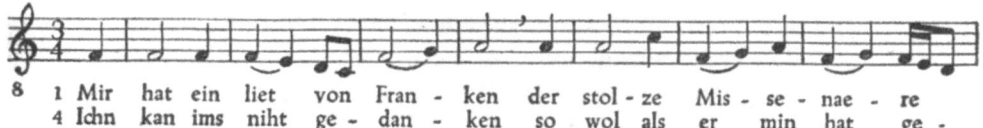

8 1 Mir hat ein liet von Fran - ken der stol - ze Mis - se - nae - re
4 Ichn kan ims niht ge - dan - ken so wol als er min hat ge -

braht, daz vert von Lu - de - wi - ge.
daht. wan daz ich tie - fe ni - ge.

1   Mir hat ein liet von Franken   L. 18, 15 (A 98; C 104 und
    der stolze Missenaere braht,   125a; Z 27, nur Zeile 1-4)
    daz vert von Ludewige.
    Ichn kan ims niht gedanken
5   so wol als er min hat gedaht,
    wan daz ich tiefe nige.
    Künd ich swaz ieman guotes kan,
    daz teilte ich mit dem werden man,
    der mir so hoher eren gan,
10 got müeze im ere meren.
    Zuo flieze im aller saelden fluz,
    niht wildes mide sinen schuz,
    sins hundes louf, sins hornes duz
    erhelle im und erschelle im wol nach eren.

3, v. 15 Müeget des mannes hoenen C: müet des m. h. L.: gefüeges m. d. Kr.

1, v. 1 liet CZ: lieht A;   v. 2 edele Z;   v. 3 wert A;   v. 4 Ich kan ims
C: Ich enkan in A: Ichn kans im Z;   v. 6 tiefe ime n. C;   v. 10 ime eren-
neren A: ouch im(e) die sinen iemer meren C;   v. 11 Darzuo vliz vñ selden
vluz A;   v. 12 Iht wil des vñ sinen schuz A;   v. 13 Sin hundes A;   v. 14
Der helle ime unde schelle ime A.

2 Waz eren hat fro Bone,   L. 17, 25 (A 96; C 125)
daz man so von ir singen sol,
si rehtiu vastenkiuwe!
Sist vor und nach der none
5 wol ful und ist der wibel vol
wan erste in der niuwe.
Ein halm ist kreftec unde guot:
waz er uns allen liebes tuot,
er fröit vil manegem sinen muot,
10 wie danne umb sinen samen?
Von grase wirdet halm ze stro,
er machet manic herze fro,
er ist guot nider unde ho:
frou Bon, set libera nos a malo, amen.

3 Philippe, künec here,   L. 16, 36 (A 94; B 24; C 124)
si gebent dir alle heiles wort
und wolden liep nach leide.
Nu hast du guot und ere:
5 daz ist wol zweier künege hort,   L. 17, 1
diu gip der milte beide.
Der milte lon ist so diu sat,
diu wünnecliche wider gat
dar nach man si geworfen hat:
10 wirf von dir miltecliche!
Swelch künec der milte geben kan,
si git im daz er nie gewan.
wie Alexander sich versan!
der gap und gap, und gap sim elliu riche.

4 Wir suln den kochen raten,   L. 17, 11 (A 95; C 363)
sit ez in also hohe ste

2, v. 1 bat A;   v. 2 so fehlt in C;   v. 5 wol ful: Wol A: Vul C;   v. 6 erst AC;   v. 7 crestec A; crestet C;   v. 11 wirt A; und von C; halme z stro C; v. 13 hohe A; hoehe C;   v. 14 Frowe bone AC; amen fehlt in C.
3, v. 2 heiles A: heldes BC;   v. 5 Dar zuo wol BC;   v. 6 Die gip der BC: Du gip din A;   v. 7 milten A; Dú milte lonet same dú sat BC;   v. 9 da nach B; si AC: ir B;   v. 11 Swel A;   v. 14 do gap sim C.

daz si sich niht versumen;
Daz si der fürsten braten
5 sniden groezer baz dan e
doch dicker eines dumen.
Ze Kriechen wart ein spiz versniten,
daz tet ein hant mit argen siten
(sin möht ez niemer han vermiten):
10 der brate was ze dünne.
Des muose der herre für die tür,
die fürsten sazen ander kür:
der nu daz riche also verlür,
dem stüende baz daz er nie spiz gewünne.

6. Der Leopoldston
(2. Atzeton, sog. 1. Thüringerton, etwa 1208/09)

1   Owe daz wisheit unde jugent   L. 82, 24 (a 22)
des mannes schoene noch sin tugent
niht erben sol, so ie der lip erstirbet!
Daz mac wol klagen ein wiser man,
5 der sich des schaden versinnen kan,
Reimar, waz guoter kunst an dir verdirbet.
Du solt von schulden iemer des geniezen,
daz dich des tages wolte nie verdriezen,
dun spraeches ie den frowen wol (mit rehten wibes siten).
10 Des süln si iemer danken diner zungen,
hetst anders niht wan eine rede gesungen:
„so wol dir, wip, wie reine ein nam!", du hetest also gestriten
an ir lop daz elliu wip dir genaden solten biten.

4, v. 4 der wursten A;   v. 5 Snider A;   v. 6 einer A;   v. 9 enmohtes A;
v. 11 muoze A; mueze C;   v. 12 ander A (?) L.: an der C.
1, v. 8 nie wolti vir driessin a: wolte nie v. L.;   v. 9 der Schluß der Zeile
fehlt in a: Michels ergänzt und guoten wibes siten;   v. 10 sün a;   v. 11 so
L.: Und hettist andirs niht won a;   v. 12 ein nam L.: din nam a;   v. 12/13
du hettest an ir lob alse gi stritin. daz a elliu wib dir iemir ginadin soltin bittin a.

2 Deswar, Reimar, du riuwes mich   L. 83, 1 (a 23; C 31)
michels harter danne ich dich,
ob du lebtes und ich waer erstorben.
Ich wilz bi minen triuwen sagen,
5 dich selben wolt ich lützel klagen:
ich klage din edelen kunst, daz sist verdorben.
Du kundest al der werlte fröide meren,
so duz ze guoten dingen woltes keren:
mich riuwet din wol redender munt und din vil süezer sanc.
10 Daz die verdorben sint bi minen ziten!
daz du niht eine wile mohtest biten!
so leiste ich dir geselleschaft: min singen ist niht lanc.
din sele müeze wol gevarn, und habe din zunge danc!

3 Ich muoz verdienen swachen haz: L. 83, 27 (C 33)
ich wil die herren leren daz
wies iegeslichen rat wol mügen erkennen.
Der guoten raete der sint dri,
5 dri ander boese stent da bi
zer linggen hant: lat iu die sehse nennen.
Frum unde gotes hulde und weltlich ere,
daz sint die guoten, wol im der si lere!
den möht ein keiser nemen gerne an sinen rat.
10 Die andern heizent schade, sünde und schande:
da erkennes bi der sie e niht erkande,
wan hoeret an der rede wol wiez umb daz herze stat.
daz anegenge ist selten guot, daz boesez ende hat.

4 Dri sorge habe ich mir genomen,   L. 84, 1 (C 34)
möht ich der einer zende komen,
so waere wol getan ze minen dingen.
Iedoch swaz mir da von geschiht,
5 in scheid ir von einander niht,

2, v. 2 Michels C: Michel a;   v. 5 wolt ich C: wil ich a;   v. 6 edelen C: edel a;   v. 7 alle a;   v. 10 Daz der verdorben ist a;
    3, v. 2 leren hat Bodmer ergänzt;   v. 9 nemen an C: nemen wol an Wa.: nemen gerne an L.;   v. 11 so L.: Da erkenne si bi ders e C.

mir mag an allen drin noch wol gelingen.
Gotes hulde und miner frowen minne,
dar umbe sorge ich, wie ich die gewinne:
daz dritte hat sich min erwert unrehte manegen tac.
10 Daz ist der wünnecliche hof ze Wiene:
in gehirme niemer unz ich den verdiene,
sit er so maneger tugende mit so staeter triuwe pflac.
man sach Liupoltes hant da geben, daz si des niht erschrac.

5   Swa der hohe nider gat   L. 83, 14 (C 32)
und ouch der nider an hohen rat
gezucket wirt, da ist der hof verirret.
Wie sol ein unbescheiden man
5 bescheiden des er niht enkan,
sol er mir büezen des im niht enwirret?
Bestent die hohen vor der kemenaten,
so suln die nidern umb daz riche raten:
swa den gebrichet an der kunst, seht da tuont si niht me:
10 Wan daz siz umbe werfent an ein triegen;
daz lerent si die fürsten, unde liegen:
die selben brechent uns diu reht und stoerent unser e.
nu sehent wie diu krone lige und wie diu kirche ste!

6   ..... *(die ersten sechs Zeilen fehlen)*   Kr. S. XXVII (w^{xx} 1)
.... sich leiden friunden unde magen
und umbez guot lip unde sele wagen,
ob er dan so biderbe ist daz er daz selbe guot
10 gern umbe ere teilte, ob man in lieze,
und ez in den stelbiutel niene stieze,
stolze marschalc ....., swa man diz allez tuot!
ich smecke Sibechen in dem rate: ein brant lit in der gluot.

4, v. 11 gehirme C: hirme L.;   v. 12 Kr. streicht das zweite so (in Verkennung des Rhythmus, vgl. Unters. 328).
5, v. 3 da L.: des W.-M.: dc C;   v. 6 im niht Kr.: mir niht C;   v. 7 bestent Kr.: Des stent C: Wes st. L.: Ez st. W.-M.; vor der L.: vor den C.
6, v. 7 Kr. schlägt vor, etwa zu ergänzen: Der wil;   v. 9 biderb w;   v. 10 gerne umb w;   v. 11 unde Kr.; stelbiutel w: biutel Kr.;   v. 12 Kr. schlägt vor, etwa zu ergänzen: sit gemant;   v. 13 Sibechen, Frantzen, Neophilologus 1, 27 f.: seueken w.

7   Rit ze hove, Dietrich! L. 82, 11 (C 30)
„herre, in mac" – Waz irret dich?
„in han niht rosses daz ich dar gerite".
Ich lih dir einz, und wilt du daz.
5 „herre, gerite al deste baz."
nu stant also noch ein wile, bite!
Weder ritest gerner eine guldin katzen,
aldr einen wunderlichen Gerhart Atzen?
„semir got, und aeze ez höi, ez waer ein frömdez pfert.
10 Im gent diu ougen umbe als einem affen,
er ist alsam ein guggaldei geschaffen:
den selben Atzen gebent mir her, so bin ich wol gewert."
nu krümbe din bein, var selbe hein, sit du Atzen hast gegert.

7, v. 4 lihe C;   v. 7 rittest C;   v. 8 Alder C: ald L.: od W.-M.;   v. 11 als C;   v. 13 var selbe hein Kr.: rit selbe har hein C: selbe dar W.-M.

7. Der Ottenton (März 1212)

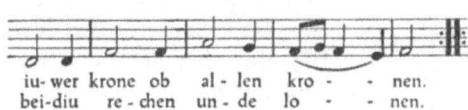

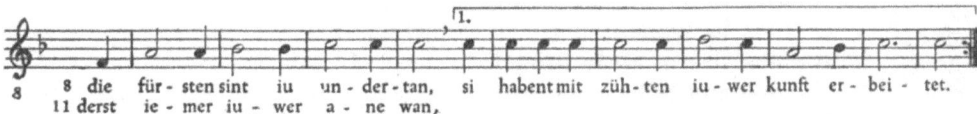

1   Her keiser, sit ir willekomen, L. 11, 30 (A 80. B 8. C 11)
    der küneges name ist iu benomen,
    des schinet iuwer krone ob allen kronen.
    Iur hant ist krefte und guotes vol,
5   ir wellet übel oder wol,
    so mac si beidiu rechen unde lonen.
    Dar zuo sag ich iu maere:
    die fürsten sint iu undertan, L. 12, 1
    si habent mit zühten iuwer kunft erbeitet.
10 Und ie der Missenaere:
    derst iemer iuwer ane wan,
    von gote wurde ein engel e verleitet.

1: v. 1 Der A; ir sit C, ir sint B;   v. 2 des k. BC; kúnege A;   v. 4 kreftig guotes vol BC;   v. 5 vúllent B, wellent C;   v. 6 so mugent ir baidiu BC (muget C); rehten C;   v. 9 und habent BC; úwerren kunft arebaitet B.

4 Maurer

2   Her keiser, swenne ir Tiuschen fride   L. 12, 18 (A 82. C 361)
     gemachet staete bi der wide,
     so bietent iu die fremeden zungen ere.
     Die sult ir nemen ane arebeit,
5   und süenent al die kristenheit:
     daz tiuret iuch und müet die heiden sere.
     Ir tragt zwei keisers ellen:
     des aren tugent, des lewen kraft,
     die sint des herren zeichen an dem schilte.
10   Die zwene hergesellen:
     wan woltens an die heidenschaft!
     waz widerstüende ir manheit und ir milte?

3   Her keiser, ich bin fronebote   L. 12, 6 (A 81. C 360)
     und bring iu boteschaft von gote:
     ir habt die erde, er hat daz himelriche.
     Er hiez iu klagen (ir sit sin voget),
5   in sines sunes lande broget
     diu heidenschaft iu beiden lasterliche.
     Ir muget im gerne rihten:
     sin sun der ist geheizen Krist,
     er hiez iu sagen wie erz verschulden welle.
10   Nu lat in zuo iu phlihten:
     er rihtet iu da er voget ist,
     klagt ir joch über den tievel uz der helle.

4   Her babest, ich mac wol genesen,   L. 11, 6 (B 6. C 9)
     wan ich wil iu gehorsam wesen:
     wir horten iuch der kristenheit gebieten
     wes wir dem keiser solten pflegen,
5   do ir im gabent gotes segen,

2: v. 2 machet C;   v. 4 arbeit A, erbeit C;   v. 5 suenen A;   v. 6 ú C;   v. 8 arn AC;   túgent A;   v. 9 des herzeichen AC: des herren z. E. Schröder;   v. 12 was wirde stuende C.
3: v. 3 ir hab C; die ere A; er hat *Bodmer:* ir hant AC;   v. 10 iu fehlt in A;   v. 11 uch da vogt A;
4: v. 4 wie wir des keisers C;   v. 5 den gotes s. BC: den str. L.

daz wir in hiezen herre und vor im knieten.
Ouch sult ir niht vergezzen:
ir sprachent „swer dich segene der si
gesegent; swer dir fluoche, der si verfluochet
10 mit fluoche volmezzen."
durch got bedenkent iuch da bi,
ob ir der pfaffen ere iht geruochet.

5 Got gibet ze künege swen er wil,   L. 12, 30 (A 83. C 262)
dar umbe wundert mich niht vil,
uns leien wundert umbe der pfaffen lere.
Si lerten uns bi kurzen tagen,
5 daz wellents uns nu widersagen,
nu tuonz dur got und dur ir selber ere,
Und sagen uns bi ir triuwen,
an welher rede wir sin betrogen,
volrecken uns die einen wol von grunde: L. 13, 1
10 Die alten, ê die niuwen:
uns dunket einez si gelogen,
zwo zungen stant unebne in einem munde.

6 Do gotes sun hie in erde gie,   L. 11, 18 (A 84. B 7. C 10)
do versuohten in die juden ie:
sam tatens eines tages mit dirre frage.
Si frageten obe ir friez leben
5 dem künege iht zinses solte geben:
do brach er in die huote und al ir lage.
Er iesch ein münizisen.
er sprach „wes bilde ist hie ergraben?"
„des keisers" sprachen do die merkaere.
10 Do riet er den unwisen
daz si den keiser liezen haben
sin küneges reht, und got swaz gotes waere.

4 v. 6 so L.: in herren hiessen BC;   v. 8/9 der si gesegenet B, segne das
der gesegent si C;   v. 9 der si BC: der str. L.-Kr. (in v. 8 und 9).
5: v. 1 git C; swaz A;   v. 6 durh ir C; selbes A;   v. 9 Volrechen AC: volrecken L.; gründe A;   v. 11 e AC: L. ode.
6: v. 1 des A; hie in: L. hien;   v. 3 same A, also BC;   v. 4 vragenten A, vrageten in C;   v. 5 dem riche BC;   v. 6 do verstuont er wol ir huote unde ir lage BC;   v. 7 hiesch A; munzisen AC;   v. 8 hinne BC;   v. 12 keisers BC; gotte das gottes BC.

8. Der Meissner-Ton (Spätjahr 1212)

1 Der Missenaere solde　　　　　　　L. 105, 27 (A 109; C 367)
　　　mir wandeln, ob er wolde,
　　　min dienest laz ich allez varn:
　　　Niewan min lop aleine,
　　5 deich in mit lobe iht meine,
　　　daz kan ich schone wol bewarn.
　　　Lob ich in, so lobe er mich,
　　　des andern alles des wil ich
　　　in minneclich erlazen.
　　10 Sin lop daz muoz ouch mir gezemen,
　　　ode ich wil minz her wider nemen
　　　ze hove und an der strazen.
　　　So ich nu genuoge　　　　　　　　L. 106, 1
　　　warte siner vuoge.

2 Ich han dem Missenaere　　　　　　L. 106, 3 (A 110; C 268)
　　　gefüeget manec maere
　　　baz danne er nu gedenke min.
　　　Waz sol diu rede beschoenet,
　　5 möht ich in han gekroenet,
　　　diu krone waere hiute sin.
　　　Het er mir do gelonet baz
　　　ich dient im aber eteswaz,
　　　noch kan ich schaden vertriben.
　　10 Er ist ab so gevüege niht,
　　　daz er mir biete wandels iht,
　　　da lazen wirz beliben.
　　　Wan vil verdirbet
　　　des man niht erwirbet.

1, v. 3 min dienest L.: Minen dienst AC; v. 5 Das in min lop C; v. 9 erlazet A; v. 12 straze AC; v. 13 ich C: ist A; v. 14 Gewarte A.
2, v. 10 so vuoge A; v. 11 iht L.: reht AC; v. 13 wan L.: Waz AC.

3 Nu sol der keiser here L. 105, 13 (A 108; C 366)
 versprechen dur sin ere
 des lantgraven missetat.
 Want er was doch zeware
5 sin vient offenbare:
 die zagen truogen stillen rat.
 Si swuoren hie, si swuoren dort
 und pruoften ungetriuwen mort,
 von Rome fuor ir schelden.
10 Ir duf enmohte sich niht heln,
 si begonden under zwischen steln
 und alle ein ander melden.
 Seht, diep stal diebe,
 dro tet diebe liebe.

3, v. 2 versprechen Kr.: Vúr brechen AC; v. 8 priweten A; v. 10 verheln AC; v. 13 diepstal A; v. 14 Dro A: Dú C; diebe ergänzt Kr.

9. Der König Friedrichs-Ton (Wende 1212/13)

1 Vil wol gelopter got, wie selten ich dich prise!
  sit ich von dir beide wort han unde wise,
  wie getar ich so gefreveln under dime rise?
  Ichn tuon diu rehten werc, ichn han die waren minne
5 ze mim ebenkristen, herre vater, noch ze dir;
  so holt enwart ich ir dekeinem nie so mir:
  Krist, vater unde sun, din geist berihte mine sinne.
  Wie solt ich den geminnen der mir übele tuot?
  mir muoz der iemer lieber sin der mir ist guot:
10 vergib mir anders mine schulde, ich wil noch haben den muot.

L. 26, 3 (A 74; B 28;
C 318; t 1; w 4, 1-4; Z 17,
v. 8-10)

1, v. 1 Vil hohgelopter Btw; wie: vil t; v. 2 Und ich doch von dir han baidú wort und wise B; Und habe doch von dir wort werck synn und wyse t; Went ich von dir doch han w (das hier endet); v. 3 so AC: iemer iht B; Wie tar ich dann alz frevelich getan under dim rys t: v. 4 Ich halt herr vil din gebot nach diner waren mynne t; Ich tuon niht rehter werke noch enhan B; han die C: han der A: han niht B; v. 5 Ze AC: Gen B; minen ABC; vatter B: fehlt in ACt; ze C: zuo A: gen B; Gein dem ebencristen min noch herre got gein dir t; v. 6 so mir fehlt in A; Ir kainem wart ich nie so holt so ich bin mir B; Ir wart mir keiner me so liep als ich bin mir t; v. 7 Fron krist AC; Got vatter und din sun din gaist verriht mir mine sinnen B; Daz ist mir leit t; minen sin A; v. 8 sol Z: mocht t; mir AB: vil C; leyde tut t; v. 9 Ich muos dem iemer hölder sin B: Ich muos doch de holder sin t: Ich muoz e ienen han lieber vil Z; ist g. ABC: tut g. tZ; v. 10 Verzych mr herre got on daz myn sunde wann ich gewyn gar kum den mut t; Vergent mir B; anders ABZ: ander C; ich muoz e haben Z: wan ich han noch B.

2   Nu weiz got wol, min lop waer iemer hovestaete, L. 30, 9 (B 36;
    da man eteswenne hovelichen taete,   C 317; o; t 2; Z 22)
    mit gebaerde, mit gewisser rede, mit geraete.
    Mir gruset, so mich lachent an die lechelaere,
5   den diu zunge honget und daz herze gallen hat.
    friundes lachen sol sin ane missetat,
    luter als der abentrot, der kündet süeziu maere.
    Nu tuo mir lacheliche, od lache ab anderswa:
    swes munt mich triegen wil, der habe sin lachen da,
10 von dem naem ich ein warez nein für zwei gelogeniu ja.

3   Sit got ein rehter rihter heizet an den buochen, L. 30, 19 (B 37; t 3)
    so solt er uz siner milte des geruochen
    daz er die getriuwen uz den valschen hieze suochen.
    Joch meine ich hie: si werdent dort vil gar gesundert,
5   doch saehe ich an ir eteslichem gerne ein schanden mal.
    der uz der hant dem man sich windet als ein al,
    owe daz got niht zorneclichen sere an deme wundert!
    Swer sant mir var von hus, der var ouch mit mir hein:
    der mannes muot sol veste wesen als ein stein.
10 uf triuwe sleht und eben als ein vil wol gemahter zein.

2, v. 1/2 fehlt in o: v. 1 Got weiz wol BCt; daz min l. B: daz ich waere gerne h. t; hove fehlt in C;   v. 2 Der mich bywilen t; lobelichen Z: lobeliche C; bete t;   v. 3 Mit gebere und mit gewisser rede und mit gerete Z: Mit geberde mit g. r. mit rete C: Mit worten ald mit werken alder mit gewissenen raete B: Mit worten und mit werken und mit gerete t;   v. 4 als o; grúlet C; lechere C;   v. 5 galle t;   v. 6 mines friundes grüssen solte sin ane alle m. t;   v. 7 Sueze als CZ; der BC: ein Z; Recht als ein liehter t; Daz immer kundet Z; luter C: lutter Z: liebú B: schone t: süeziu m. Kr.;   v. 8 Man tuo mir Z; lacheliche oder Z: lachelichen oder C: laechelich alder B; lache aber BC: lachen Z; Lachet mich eynre lechelichen an oder lachet er anderswo t; v. 9 Des m. m. tr. wolle t;   v. 10 Von yme t; ein fehlt in t; weres C; dry gelogen t; siben g. oZ.
3, v. 1 Mjt t; in den t;   v. 2 so solt er ... Kr.: Durch sine milte so solt er des g. t: Der solt uz s ... des ger. B;   v. 3 die gar g. B; Daz man die bosen uz den biderben t;   v. 4 Ich glaube daz ir gar maniger sy besonder t; v. 5 Ich wolt daz man an ym sehe ein sch. m. t;   v. 6 so Kr.: Der sich dem man windet uz der hant reht als ein ale B: Der sich der sich (so!) deme manne in der hende umbe windet als ein al t;   v. 7 Daz got an deme dete unmogeliche wonder t;   v. 8 Gat yeman mit mir uz der gange auch mit mir wider heym t;   v. 9 Myns fründes grussen solte fester sin wanne ye keyn stein t; wesen Kr.: sin B;   v. 10 An gantzen trüwen slechter danne ein nüwer wol geworhter zeyn t.

4   Ich han gesehen in der werlte ein michel wunder: L. 29, 4 (C 315;
  waere ez uf dem mer, ez diuhte ein seltsaen kunder;   Z 25)
  des min fröide erschrocken ist, min truren worden munder.
  Daz glichet einem guoten man: swer nu des lachen
5 strichet an der triuwen stein, der vindet kunterfeit.
  ez bizet da sin grinen niht hat widerseit,
  zwo zungen habent kalt und warm, die ligent in sime rachen.
  In sime süezen honge lit ein giftic nagel,
  sin wolkenlosez lachen bringet scharpfen hagel:
10 swa man daz spürt, ez kert sin hant und wirt ein swalwen zagel.

5   Von Rome voget, von Pülle künec, lat iuch erbarmen L. 28, 1 (A 76;
  daz man mich bi richer kunst lat alsus armen: B 30; C 319; w 2; Z 23)
  gerne wolde ich, möhte ez sin, bi eigenem fiure erwarmen.
  Zahiu wiech danne sunge von den vogellinen,
5 von der heide und von den bluomen, als ich wilent sanc!
  swelch schoene wip mir danne gaebe ir habedanc,
  der liez ich liljen unde rosen uz ir wengel schinen.
  Sus kume ich spate und rite fruo: „gast, we dir we!",
  so mac der wirt baz singen von dem grüenen kle.
10 die not bedenkent, milter künec, daz iuwer not zerge!

4, v. 1 han inder werlde sen ein Z;   v. 3 Da von im vreude Z;   v. 4 Iz gelichet Z; swer da sin lachet Z; boesen man C;   v. 5 Stricket Z;   v. 6 fehlt in Z; C setzt nach v. 6 noch zu: sin valscheit tuot vil manegem dike leit;   v. 7 haben C: hat es Z; warn C; legen Z;   v. 9 hagel Z: snabel C; v. 10 daz C: ez Z; sin hant C: die h. Z.
. **5,** v. 1 Zuo Rome wZ; zuo Pülle Z; ain v. B; ain k. B; laz dich wZ; v. 2 leit alsus arm A; Das man mich siht bi richer kunst sus armen B; Das man bi richer kunst mich lat C; Sol ich bi so richer kunst sus armen (aldus verarmen Z) wZ;   v. 3 Ich wolte gerne und moht es sin B; eigenen Z: eigem A: eigen w;   v. 4 Zahú B: Zai A: Ahi C: Za huy w: Za hiu Z; danne ABC: den w: dan Z;   v. 5 Und von Z;   v. 4/5 sunge von der haide und von den vogelinen als B;   v. 6 Swelche schoene vrowe B; den gebe Z: gebe danne C; v. 7 rosen unde lylien Z; gilien B; wangel A: wangen wZ;   v. 8 Sus fehlt in AC; Sus rite ich fruo und kume niht hain gast we dir we B: Gast kumet spate unde ritet vro gast we dir we wZ;   v. 9 baz BwZ: wol AC; von der haide und von dem gruenen cle B;   v. 10 bedenkent BC: bedenket wZ: bedenke A; daz al úwer Z.

6 Ich han hern Otten triuwe, er welle mich noch richen: L. 26, 23
  wie genam abe er min dienst so trügelichen?   (A 75; C 308; w 3)
  waz bestet ze lone des den künic Friderichen?
  Min vorderunge ist uf in kleiner danne ein bone,
5 ez ensi, obe er der alten sprüche waere fro.
  ein vater lerte wilent sinen sun also:
  „sun diene manne boestem, daz dir manne beste lone."
  Her Otte, ich binz der sun, ir sit der boeste man,
  wand ich so rehte boesen herren nie gewan:
10 her künec, sit irz der beste, sit iu got des lones gan.

7 Ich wolt hern Otten triuwe nach der lenge mezzen, L. 26, 33 (C 309)
  do hat ich mich an der maze ein teil vergezzen:
  waer er milt als lanc, er hete tugende vil besezzen.
  Vil schiere maz ich abe den lip nach siner ere,
5 do wart er vil gar ze kurz als ein verschroten werc.   L. 27, 1
  miltes muotes minre vil dan ein getwerc,
  und ist doch von den jaren daz er niht enwahset mere.
  Do ich dem künege brahtez mez, wie er uf schoz!
  sin junger lip wart beide michel unde groz.
10 nu seht waz er noch wahse: erst ieze übr in wol risen gnoz.

8 Der künec min herre lech mir gelt ze drizec marken, L. 27, 7 (C 31;
  des enkan ich niht gesliezen in der arken   Z 24)
  noch geschiffen uf daz mer in kielen noch in barken.
  Des nam ist groz, der nuz ist aber in solher maze,
5 deich in niht begrifen mac, gehoeren noch gesehen.

6, v. 1 des hern A; en mache mich noch riche A: er mache m. n. r. w;
v. 2 aber er m. d. ie so C: Sit daz er min dienst nam so trugenliche w: Daz
er minen dienest man (so!) so tougenliche A;   v. 3 Ald waz best. ze lonenne
des kúnic f. C: Waz b. zelone des den kuninc (deme kúnige A) vrideriche Aw;
v. 4 noch minner w;   v. 5 Es si so vil obe C: Ez ensi so vil obe A: Iz ne
si daz er des altes spruches welle wesen vro w; sprúchen C.   v. 6 vater
AC: wiser man w; lerte sinen lieben sun also Aw;   v. 7 boestem C: boste
w: beste A; man w;   v. 8 Her Otte C: Ich hotte A: Ich bin der sun. her
otte is der boste man w;   v. 9 rehte Cw: sere A;   v. 10 sit irz A: ir sit C:
nu sit w.
7, v. 3 so milt so lange C: so milt als lange Kr.;   v. 7 enwahset Kr.: wah-
set C;   v. 8 das mez C;   v. 10 risen gnoz Kr.: risen gros C.
8, v. 1 gelt C: wol Z;   v. 2 Daz kan ich behalten nicht hie inder archen
Z: den arken C;   v. 3 uber se Z; noch C: oder Z;   v. 4 Der nam ist min
die nutz ist wol in der maze Z;   v. 5 dc ich C: So daz ich nicht gegrifen Z.

wes sol ich danne in arken oder in barken jehen?
nu rate ein ieglich friunt, ob ichz behalte ode ob ichz laze.
Der pfaffen disputieren ist mir gar ein wiht,
si prüevent in der arken niht, da ensi ouch iht:
10 nu prüeven hin, nu prüeven her, son habe ich drinne niht.

9   Ein schalk, in swelhem namen er si, der dankes triege   L. 28, 21 (A 79;
    unde sinen herren lere daz er liege,   C 313; Z 20)
    erlamen müezen im diu bein, swenn ers zem rate biege!
    Si abe er so her daz er zem rate sitze,
5   so wünsch(e) ich daz sin untriuwe zunge müeze erlamen.
    die selben machent uns die edelen ane schamen:
    sol liegen witze sin, so pflegent si tugendeloser witze.
    Wan mugens in raten daz si lazen in ir kragen
    ir valsche gelübde od nach gelübde niht versagen?
10 si solten geben, e dem lobe der kalc würd abe geslagen.

10   Herzoge uz Osterriche, ez ist iu wol ergangen   L. 28, 11 (A 78; C 359)
    und als schone daz uns muoz nach iu belangen:
    sit gewis, swenn ir uns komet, ir werdent hoh enpfangen.
    Ir sit wol wert, daz wir die gloggen gegen iu liuten,
5   dringen unde schowen als ein wunder komen si.
    ir komet uns beide sünden unde schanden fri,
    des suln wir man iuch loben, und die frowen suln iuch triuten.
    Diz liehte lop volfüeret heime unz an daz ort:

8, v. 6 solt Z;   v. 7 ich es halte C (von L. vor der Entdeckung von Z so emendiert); Nu raten mine vrent wie ichz behalte oder wie ez laze Z;   v. 8 daz ist mir ein Z;   v. 9 der Z: den C; nicht daz da si icht Z;   v. 10 Nu prüeven her fehlt in C (von Wackernagel ohne Kenntnis von Z bereits gebessert): Sie prüeven hin, sie pr. her Z; ich en han dar inne nicht Z.
9, v. 1 Ein A: Er C: Der Z; welhem C; leben C;   v. 2 Sinen herren unde ime rate daz A;   v. 3 als er sich zuo dem C: Erlamen muoz ime sin bein swenn erz zuo deheime rate sule biegen A: Verlamen muozen sine bein swen er sich zuom rate biege Z;   v. 4 Si er aber so her A; daz er da zuo sitze C; v. 5 So wuinsch ich ime daz ime sin ungetruwe zunge erlam A;   v. 6 edelen Z: biderben AC; schame A;   v. 7 Sol tregen Z; phlit Z; schemelicher witze A;   v. 8 Wan Z: Weme A: fehlt in C; mugens in raten Kr.: muogen sie inraten Z: muogen si raten A: Möhten si in r. C; liessen in irme C; halten in ir Z;   v. 9 So valsch geheize und nach geheize A; niht fehlt in C;   v. 10 Und si geben e danne lop A; kalc AZ: klage C; werde A: wurde C: wirt Z; geslagen Kr.: getragen ACZ.
10, v. 2 Unde alse A: vñ also C;   v. 3 hoh Benecke: doch AC;   v. 5 Drigen A;   v. 8 vol C: wol A; füeret Kr.: füeget AC.

sit uns hie biderbe für daz ungefüege wort,
10 daz ieman spreche, ir soldet sin beliben mit eren dort.

*

11 Ich han min lehen, al die werlt, ich han min lehen: L. 28, 31 (C 314)
   nu enfürhte ich niht den hornunc an die zehen
   und wil alle boese herren dester minre flehen.
   Der edel künec, der milte künec hat mich beraten,
5 deich den sumer luft und in dem winter hitze han.
   min nahgeburen dunke ich verre baz getan,
   si sehent mich niht mer an in butzen wis als si wilent taten.
   Ich bin ze lange arm gewesen an minen danc,   L. 29, 1
   ich was so voller scheltens daz min atem stanc:
10 daz hat der künec gemachet reine, und dar zuo minen sanc.

10. Der Unmutston (1213/14)

1 In nomine dumme ich wil beginnen, sprechent amen L. 31, 33 (A 62;
   (daz ist guot für ungelücke und für des tievels samen), B 32; C 323)
   daz ich gesingen müeze in dirre wise also,
   swer höveschen sanc und fröide stoere, daz der werde unfro.
5 Ich han wol und hovelichen her gesungen,   L. 32, 1
   mit der höveschheit bin ich nu verdrungen,
   daz die unhöveschen nu ze hove genaemer sint dann ich.
   daz mich eren solde, daz uneret mich:
   herzoge uz Osterrich Liupolt, nu sprich!
10 dun wendest michs alleine, so verkere ich mine zungen.

10, v. 9 ungefüege Kr.: unge vuogete A: ungefüegte C;
11, v. 5 Daz ich C;   v. 6 Minen C;   v. 7 ist wohl irgendwo rhythmisch verdorben; vielleicht: als s(i) w.?   v. 8 arn C;   v. 9 volle C.
1, v. 1 An B; dumme B: domini AC; wils B;   v. 2 für tievels A;   v. 2 gesinge A;   v. 5 hovelich da her B;   v. 6 Bi der hübescheit so bin ich verdrungen B;   v. 7 unhúbeschen da ze B: unhovelichen nu ze C; genemer AC: werder B;   v. 8 Die mich eren solten die unerent m. B;   v. 9 Herzog lútpolt uz oesterich B: uz Osterriche fúrste nu spr. AC: Kr. streicht mit Pf. u. a. nu;   v. 10 Diu enwendes A; Dú wendest es allaine min zunge verkeret sich B; zunge A.

DER UNMUTSTON

2 Nu wil ich mich des scharpfen sanges ouch genieten; L. 32, 7 (A 63;
   da ich ie mit vorhten bat, da wil ich nu gebieten.   C 324)
   ih sihe wol daz man herren guot und wibes gruoz
   gewalteclich und ungezogenlich erwerben muoz.
 5 Singe ich minen höveschen sanc, so klagent siz Stollen:
   deswar ich gewinne ouch lihte knollen,
   sit si die schalkheit wellen, ich gemache in vollen kragen.
   zOsterriche lernt ich singen unde sagen:
   da wil ich mich allererst beklagen.
10 vind ich an Liupolt höveschen trost, sost mir min muot entswollen

3 Ich han gemerket von der Seine unz an die Muore, L. 31, 13 (A 64;
   von dem Pfade unz an die Traben erkenne ich al ir fuore. B 21;
   diu meiste menege enruochet wies erwirbet guot: C 321)
   sol ichz also gewinnen, so ganc slafen, hoher muot!
 5 Guot was ie genaeme, iedoch so gie diu ere
   vor dem guote: nust daz guot so here,
   daz ez gewaltecliche vor ir zuo den frowen gat,
   mit den fürsten zuo den künegen an ir rat:
   so we dir guot! wie roemesch riche stat!
10 du enbist niht guot: du habst dich an die schande ein teil ze sere.

4 „Sit willekomen, her wirt", dem gruoze muoz ich swigen: L. 31, 23
   „sit willkomen her gast", so muoz ich sprechen oder nigen. (A 77;
   wirt unde heim sint zwene unschameliche namen,   B 23; C 322)
   gast unde hereberge muoz man sich vil dicke schamen.
 5 Noch müez ich geleben daz ich den gast ouch grüeze,
   daz er mir same dem wirte danken müeze.
   „sit hinaht hie, sit morgen dort", waz gougelfuore ist daz!
   „ich bin heime" ode „ich wil heim" daz troestet baz;

  2, v. 6 gewunne uch lihte A;   v. 8 singen fehlt C;   v. 10 Und ich A.
  3, v. 1 gemerken A;   v. 2 den treben A: die trabe BC; al ir A: ir aller
BC;   v. 3 ruochet B; gewinnet A;   v. 4 hovescher muot A;   v. 5 gemeine
A; e doch C;   v. 7 gewalteclich zu dem künige sitzen g. BC;   v. 10 Mit
BC: Zuo A; dem künige BC.
  4, v. 1 her L.: herre ABC; wil ich A;   v. 2 willekome A; her L!: herre
ABC;   v. 3 Heim unde wirt A; unschemeliche AB;   v. 4 muoz ich mich
A; vil dicke B: dicke AC;   v. 5 Nu müeze A; ouch BC: noch A;   v. 6 so
das er mir dem BC, L.;   v. 7 Sit hinaht hete vart morgen vruo A;   v. 8
heim (zweimal) A: hein BC.

gast unde schach kumt selten ane haz.
10 nu büezet mir des gastes, daz iu got des schaches büeze!

5 Ich han des Kerendaeres gabe dicke empfangen: L. 32, 17 (A 65;
   wil er dur ein vermissen bieten mir also diu wangen?   C 325)
   er waenet lihte daz ich zürne: nein ich, niht;
   im ist geschehen daz noch vil manegem milten man geschiht
 5 Was mir lihte leide, do was ime noch leider,
   do er mir geschaffen hate kleider,
   daz man mir niht engap; dar umbe zürne er anderswa.
   ich weiz wol, swer willecliche sprichet ja,
   der gaebe ouch gerne, und waere ez danne da.
10 der zorn ist ane alle schulde weizgot unser beider.

6 Ichn weiz wem ich gelichen muoz die hovebellen,   L. 32, 27 (A 66;
   wan den miusen, die sich selbe meldent, tragent si schellen. B 33;
   des lekers ja, der miuse klanc, kumet si uz ir klus,   C 326)
   so schrien wir vil lihte „ein schalc, ein schalc! ein mus, ein mus!"
 5 Edeler Kerendaere, ich sol dir klagen sere,
   milter fürste und marterer umb ere,
   ichn weiz wer mir in dinem hove verkeret minen sanc.
   laz ichz niht dur dich und ist er niht ze kranc,
   ich swinge im also swinden widerswanc.
10 vrage waz ich habe gesungen, und ervar uns werz verkere.

7 Wir klagen alle und wizzen doch niht waz uns wirret, L. 33, 11
   daz uns der babest unser vater alsus hat verirret.   (B 25)
   nu gat er uns doch harte vaterlichen vor:

4, v. 9 Schach unde gast sint selten A;   v. 10 Nu A: Herre BC.
5, v. 1 Kerendaeres Kr. nach Plenio: karaderis A: kernders C;   v. 2 Wir er A; vermissebieten mich also C; diu wangen Kr. mit Bezug auf L. 49, 19: dur wanken A: lan blangen C;   v. 4 Imez geschehen A;   v. 6 so Wa.: mir fehlt in A: Do er hat mir g. k. C;   v. 10 der Kr.: Dirre AC.
6, v. 1 Ich weiz en weme A: Ich wais B; gelichen sol B;   v. 2 selber B; v. 3 ja, der Kr.: her AC; Schaelche fuore und muse clang das ist gelicher clus B;   v. 5 Vil edeler B: Edel AC;   v. 5 ich wil B;   v. 6 Vil milter B; und fehlt in AC;   v. 7 mir fehlt in A;   v. 8 Und lies ichz n. d. d. waer er mir niht B;   v. 9 So swing ich den swinden A: Ich swunge ime ainen swinden B; swank B: sanc AC;   v. 10 Vrage AC: Vernime w. i. ges. h. durch was er mirs v. B.

wir volgen ime und komen niemer fuoz uz sinem spor.
5 Merke, welt, waz mir dar ane missevalle:
   gitset er, si gitsent mit im alle,
   liuget er, si liegent alle mit im sine lüge.
   triuget er, si triegent mit im sine trüge:
   nu merkent wer mir daz verkeren müge.
10 sus wirt der junge Judas, mit dem alten dort, ze schalle.

8   Ir bischofe und ir edeln pfaffen sit verleitet: L. 33, 1 (A 67; C 339)
   seht wie iuch der babest mit des tievels stricken seitet.
   saget ir uns daz er sante Peters slüzzel habe,
   so saget war umbe er sine lere von den buochen schabe.
5 Daz man gotes gabe iht koufe oder verkoufe,
   daz wart uns verboten bi der toufe:
   nu leretz in sin swarzes buoch, daz ime der hellemor
   hat gegeben, und liset uz iu siniu ror,
   ir kardenale, ir decket iuwern kor.
10 uns(e)r alter frone der stet under einer übelen troufe.

9   Der stuol ze Rome ist nu alrerst berihtet rehte, L. 33, 21 (B 26;
   als hie vor bi einem zouberaer Gerbrehte.   C 327)
   der selbe gap ze valle wan sin eines leben:
   so wil sich dirre und al die kristenheit ze valle geben.
5 Alle zungen suln ze gote schrien wafen,
   rüefen ime, wie lange er welle slafen:
   si widerwürkent siniu werc und felschent siniu wort.
   sin kameraere stilt im sinen himelhort,
   sin süener mordet hie und roubet dort.
10 sin hirte ist zeinem wolve im worden under sinen schafen.

7, v. 4 ime nach und B: nach tilgt L.;   v. 5 Nu merke B, L.;   v. 8 Und tr. B.
8, v. 1 ir sit AC: ir *tilgt* L.;   v. 2 seitet Wa.: beitet L.: seret C: seren A; v. 3 sancte A: sant C;   v. 7 leret in A: leretz Simr.;   v. 8 liset uz iu Kr.: uz im leset AC;   v. 10 fron derst L.; traffe A.
9, v. 1 stat alrest besetzet B; nu str. L.; erst fehlt in C;   v. 2 Als er hie vor mit ainem zoberer hies gerbreht B; zouberere C;   v. 3 wan L.-Kr. (mit Hinweis auf 38, 3. 44, 2): niht wan C: der gap ze v. nieman wan B;   v. 4 So C: Nu B; wil fehlt in B; ze valle steht vor *und* in C; al die L.: alle die B: alle C;   v. 5 Wan alle zungen rueffent hin ze himel wafen B;   v. 6 Und ruofen C: Und fragent got B;   v. 7 Si C: Und B;   v. 9 roubet hie und mordet dort B;   v. 10 ist ein wolf worden C.

10 [Diu kristenheit gelepte nie so gar nach wane: L. 33, 31 (B 27)
dies da leren solten, die sint guoter sinne ane.
es waer ze vil, und taet ein tumber leie daz:
si sündent ane vorhte, dar umb ist in got gehaz.
₅ Wisent uns zem himel, und varent si zer helle,
sprechent, swer ir worten volgen welle
und niht ir werken, der si ane zwivel dort genesen.
pfaffen solten kiuscher danne leien wesen: L. 34,1
an welen buochen hant si daz erlesen,
10 daz sich so maneger flizet wa er ein schoenez wip verfelle?]

11 Ahi wie kristenliche nu der babest lachet, L. 34, 4 (A 68; C 328)
swenne er sinen Walhen seit „ich hanz also gemachet!"
daz er da seit, ern sold es niemer han gedaht:
er giht „ich han zwen Alman under eine krone braht.
₅ Daz sis riche stoeren unde brennen unde wasten!
ie dar under füllen wir die kasten:
ich hans an minen stoc gement, ir guot ist allez min.
tiuschez silber vert in minen welschen schrin:
ir pfaffen, ezzent hüenr und trinkent win,
10 und lant die tiutschen leien magern unde vasten".

12 Sagt an, her Stoc, hat iuch der babest her gesendet, L. 34, 14 (C 329)
dazr in richet und uns Tiutschen ermet unde pfendet?

10, v. 2 Die si B; sinnen B; v. 5 si wisent B; varet B; v. 6 si sprechent B; v. 7 ane allen zw. B: allen str. L.; v. 8 die pf. B; die laien B;
11, v. 1 Die cristenliche doch der babest unser lachet A; v. 2 Swanne C; seit wie erz hie habe gemachet A; v. 3 da redde A; des solt er C; v. 4 allaman C; v. 5 riche sulen stoeren unde w. C.; wusten A; v. 6 so L.: Al die wile vulle ich die A: Ie dar under muelin in ir C; v. 7 Dort han ich ez in den stok geleit ir schatz wirt aller min A; gemennet C; v. 8 Ir t. C; welschen L.: velschen C: wehsel A; v. 10 leien magern u. L.: fehlt in C; statt v. 9/10 steht in A das Folgende: so magrent si. so veisten wir same diu swin. mine pfaffen suln mir der torschen legen guote mosten. mine pfaffen die suln vrezzen swehen leigen heizen vasten mine pfaffen die suln rogel ezzen gegen der slahte masten mine pfaffen die suln obene predigen niderhalben staten: von Kr. so erg.
12, v. 2 Daz er C: daz ir Bodmer; pfendet L.: pfende (durch Unterpungierung getilgt) swendet C.

swenn im diu volle maze kumt ze Lateran,
so tuot er einen argen list, als er e hat getan.
5 Seit uns danne wie daz riche ste verwarren,
unz in füllent aber alle pfarren.
ich waen des silbers wenic kumet ze helfe in gotes lant.
grozen hort zerteilet selten pfaffen hant,
her Stoc, ir sit uf schaden her gesant:
10 daz ir uz tiutschen liuten suochet toerinne unde narren.

13   Swelch herze sich bi disen ziten niht verkeret,   L. 34, 24 (A 69;
sit der babest selbe dort den ungelouben meret,   C 340)
da wont ein saelic geist und gotes minne bi:
nu seht ir waz der pfaffen werc und waz ir lere si.
5 E do was ir lere bi den werken reine,
nu sint si aber anders so gemeine,
daz wirs unrehte würken sehen, unrehte hoeren sagen.
die uns guoter lere bilde solden tragen,
des mugen wir tumbe leien wol verzagen.
10 waen aber min guoter klosenaere klage und sere weine.

14   Die wile ich weiz dri hove so lobelicher manne,   L. 34, 34 (A 70;
sost min win gelesen unde suset wol min pfanne.   C 341)
der biderbe patriarke missewende fri,
der ist ir einer, so ist min höfscher trost zehant da bi:
5 Liupolt, zwir ein fürste, Stir und Osterriche,   L. 35, 1
niemen lept den ich zuo deme geliche:
sin lop ist niht ein lobelin: er mac, er kan, er tuot.
sost sin veter als der milte Welf gemuot:
des lop was ganz, ez ist nach tode guot.
10 mirst vil unnot daz ich durch handelunge iht verre striche.

12, v. 3 latran C;   v. 5 er seit C;   v. 6 in erfüllent C;   v. 10 toerinnen C.
13, v. 2 Sit daz der AC;   v. 3 got des A;   v. 5 e daz AC: e do Kr.;
v. 10 waen L.: Ich wene aber AC; closener C; trage A.
14, v. 1 A setzt (nach leerem Raum) mit *hove* ein; ich weiz dr. h. L.: ich drie hove weis C;   v. 2 So ist AC; suozet A; pfaffe A;   v. 7 kan Kr.: hat AC;   v. 8 So ist AC: v. 10 mirst L.: Mir ist AC.

15 Ich bin des milten lantgraven ingesinde: L. 35, 7 (A 71; C 342)
    ez ist min site daz man mich iemer bi den tiursten vinde.
    die andern fürsten alle sint vil milte, iedoch
    so staeteclichen niht: er was ez e und ist ez noch.
  5 Da von kan er baz dan sie dermite gebaren:
    er enwil dekeiner lune varen:
    swer hiure schallet und ist hin ze jare boese als e,
    des lop gruonet unde valwet so der kle:
    der Dürnge bluome schinet dur den sne.
 10 sumer und winter blüet sin lop als in den ersten jaren.

16 An wibe lobe stet wol daz man si heize schoene: L. 35, 27 (A 73;
    manne stet ez übel, ez ist ze weich und ofte hoene.   C 343)
    küene und milte, und daz er da zuo staete si,
    sost er vil gar gelobt: den zwein stet wol daz dritte bi.
  5 Wilz iu niht versmahen, so wil ichz iuch leren,
    wie wir loben suln und niht uneren.
    ir müezet in die liute sehen, welt ir erkennen wol.
    nieman uzen nach der varwe loben sol:
    vil manic more ist innen tugende vol.
 10 we wie der wizen herze sint, der si wil umbe keren!

17 Liupolt uz Osterriche, la mich bi den liuten, L. 35, 17 (A 72; C 331)
    wünsche min ze selde, niht ze walde: ichn kan niht riuten.
    si sehent mich bi in gerne, also tuon ich sie:
    du wünschest underwilent biderbem man dun weist niht wie.
  5 Wünsches du mir von in, so tuost du mir leide;
    saelic si der walt, dar zuo diu heide,
    diu müezen dir vil wol gezemen! wie hast du nu getan?

15, v. 1 lantgrave A; v. 3 edoch C; v. 4 das erste *ez* ergänzt L.;
v. 5 danne si A; dermite L.: der mitte AC.
16, v. 2 Manin stet ez wol ez ist A; weich L.-Kr.: wich AC; v. 4 So ist
AC; er fehlt in A; v. 5 uch niht versmehen A; ú leren C; v. 6 wir C:
mir A; v. 9 more Wa.: tore AC; tugenden C; v. 10 so Kr.: We wie wiz
der biderben herze AC.
17, v. 1 Herzoge uz A; bi fehlt in A; v. 2 min C: mir A; ze selde Kr.:
ze velde AC; und niht C; v. 3 Du wünschest min ze walde ich was bi liuten
ie C; v. 4 bidder manne A: min ebenre man C: biderbem man L.; niht A:
joch C; v. 5 du mir A: du mich C; tuost du mir A: tuost in C; v. 6 Vil
selic A; dar zuo A: und ouch C; v. 7 Diu müeze A; Da muessest du mit
fröiden leben C; nu A: sus C;

5 Maurer

sit ich dir an din gemach gewünschet han,
und du mir an min ungemach? la stan!
10 wis du von dan, la mich bi in: so leben wir sanfte beide.

18 Do Liupolt spart uf gotes vart, uf künftige ere,   L. 36, 1 (C 332)
si behielten alle samt, si volgeten siner lere;
si zuhten uf, alsam si niht getorsten geben:
daz was billiche, wan sol iemer nach dem hove leben.
5 Daz sin an der milte iht überhoehen wolten,
wol in des! si taten als si solten,
die helde uz Osterriche heten ie gehoveten muot.
si behielten durch sin ere, daz was guot:
nu geben durch sin ere, als er nu tuot.
10 sin leben nach dem hove nu, so ist eniu zuht bescholten.

11. Der Bogener-Ton (um 1220)

1 Der anegenge nie gewan   L. 78, 24 (C 274)
und anegenge machen kan,
der kan wol ende machen und an ende.
Sit daz allez stet in siner hende,
5 wer waer danne lobes so wol wert?
Der si der erste in miner wise,
sin lop get vor allem prise.
daz lop ist saelic, des er gert.

2 Nu loben wir die süezen maget,   L. 78, 32 (C 275)
der ir sun niemer niht versaget:
si ist des muoter, der von helle uns loste.
Daz ist uns ein trost vor allem troste,
5 daz man da ze himel ir willen tuot.
Nu dar, die alten mit den jungen,
daz ir werde lop gesungen.
sist guot ze lobenne, si ist guot.

17, v. 8 Sit A: Das C; dir A: dich C;   v. 9 mir A: mich C;   v. 10 dan C: in A; so han wir wunne beide C.

18, v. 4 billich C;   v. 5 iht L.: niht C;   v. 10 sin L.: Und C.

1, v. 5 wer were C;   v. 6/7 so Benecke: wis/für allen pris C;

3   Ich solt iuch engele grüezen ouch, L. 79, 1 (C 276)
    wan daz ich bin niht gar ein gouch:
    waz habet ir der heiden noch zerstoeret?
    Sit iuch nieman siht noch nieman hoeret,
  5 sagent, waz hant ir noch dar zuo getan?
    Möht ich got stille als ir gerechen,
    mit wem solt ich mich besprechen?
    ich wolte iuch herren ruowen lan.

4   Her Michael, her Gabriel, L. 79, 9 (C 277)
    her tiufels fient Raphael,
    ir pflegent wisheit, sterke und arzenie.
    Dar zuo hant ir engelkoere drie,
  5 die mit willen leistent iur gebot.
    Welt ir min lop, so sint bescheiden
    schadent allererst den heiden.
    lopt ich iuch e, daz waer ir spot.

5   Sich wolte ein ses gesibent han L. 80, 3 (C 281)
    uf einen hochvertigen wan:
    sus strebte ez sere nach der übermaze.
    Swer der maze brechen wil ir straze,
  5 dem gevellet lihte ein enger pfat.
    Hohvertic ses, nu stant gedriet,
    dirst zem sese ein velt gefriet.
    nu smiuc dich an der drien stat!

6   Unmaze, nim dich beidiu an, L. 80, 19 (C 283)
    manlichiu wip, wipliche man,
    pfafliche ritter, ritterliche pfaffen.
    Mit den solt du dinen willen schaffen:
  5 ich wil dir si gar ze stiure geben;
    Und alte jungherrn geben für eigen,
    ich wil dir jung(e) altherren zeigen;
    daz si dir twerhes helfen leben!

4, v. 5 úwer C;   v. 7 und sch. C.
5, v. 7 Dir was C.
6, v. 1 beidiu L.: beider C;   v. 5 dir si L.: dirs C;   v. 6 L. streicht geben;

7 Wer sleht den lewen? wer sleht den risen?   L. 81, 7 (C 286)
   wer überwindet jenen und disen?
   daz tuot einer der sich selber twinget:
   Alliu siniu lit in huote bringet
 5 uz der wilde in staeter zühte habe.
   Geligeniu zuht und schame vor gesten
   mugen wol eine wile erglesten.
   der schin nimt drate uf und abe.

8 Swelch herre nieman niht versaget,   L. 80, 11 (C 282)
   der ist an gebender kunst verschraget,
   der muoz iemer notic sin als triegen:
   Zehen versagen sint bezzer danne ein liegen,
 5 geheize minner unde grüeze baz.
   Well er ze rehte umb ere sorgen,
   swes er niht müge uz geborgen
   noch selbe enhabe, versage doch daz.

9 Wolveile unwirdet manegen lip,   L. 81, 15 (C 287)
   ir werden man, ir reiniu wip,
   niht ensit durch kranke miete veile.
   Ez muoz sere sten an iuwerm heile,
 5 welt ir iuch vergeben vinden lan.
   Zundanke veile unwirdet sere:
   da bi swachet iuwer ere,
   und ziuhet doch uf smaehen wan.

10 Man hohgemac, an friunden kranc,   L. 79, 17 (C 278)
   daz ist ein swacher habedanc:
   baz hilfet ime friuntschaft ane sippe.
   La in sin geborn von küneges rippe,
 5 er enhabe friunt, waz hilfet daz?
   Magschaft ist ein selbwahsen ere,
   friunt muoz man verdienen sere.
   mac hilfet wol, friunt verre baz.

7, v. 3 einer L.: iener C;   v. 4 Und alle sine C;
8, v. 5 minner C.: minre C.
9, v. 6 Undanke wol veile C: verb. von L.;   v. 7 Da bi so C.
10, v. 1 so L.: hoh gemach C;   v. 3 hilfet C: gehilfet L.; ime fehlt C;   v. 4 la in: La einen C;   v. 5 Ern habe fründe C;   v. 7 So muos man fründe C;

11   Ich bin dem Bogenaere holt   L. 80, 27 (C 285)
     gar ane gabe und ane solt:
     erst milte, swie klein ich sin geniuze.
     So nieze in ein Polan alde ein Riuze,
   5 daz ist allez ane minen haz.
     In braehte ein meister baz ze maere
     danne tusent snarrenzaere,
     taet er den hovewerden baz.

12   Den diemant den edeln stein   L. 80, 35 (C 284)
     gap mir der schoensten ritter ein,
     ane bete wart mir diu gabe sine: L. 81, 1
     Jo lob ich niht nach dem schoenen schine.
   5 milter man ist schoene und wol gezogen;
     Man sol die inre tugende uz keren,
     so ist daz uzer lop nach eren,
     sam des von Katzenellenbogen.

12. Der Kaiser Friedrichs- (und Engelbrechts-)Ton
(1224 oder 1225/27)

1   Von Rome keiser here, ir hant also getan   L. 84, 30 (C 37)
     ze minen dingen, daz ich iu muoz danken lan:
     in kan iu selbe niht gedanken als ich willen han.
     Ir hant iuwer kerzen küneclichen mir gesendet,
   5 diu hat unser har al gar besenget an den bran.
     Und hat ouch der andern ougen vil erblendet,
     doch hant mir des wizen alle vil gewendet:
     sus min frum und iuwer ere ir schilhen hat geschendet.

11, v. 3 kleine ich sin C: klein ichs L.;   v. 4 in alder ein Polan C: in aber ein P. L.;
12, v. 4 niht die schoene n. d. sch. C;   v. 6 tugent L.
1, v. 2 uch C;   v. 4 künecl. Brinkm.: kúndeklichen O;   v. 5 al fehlt in C: Kr. setzt statt dessen vil ein;   v. 6 und hat ouch der a. o. Brinkm.: und hant ouch uns der o. C: Kr. vertauscht diesen Vers mit dem folgenden und liest als v. 7 iedoch hats ouch in der o.;   v. 7 hant si mir C; Kr. schreibt diesen Vers als v. 6 so: und hant si mir . . .;

2 Von Kölne werder bischof, sint von schulden fro: L. 85, 1 (C 38)
   ir hant dem riche wol gedienet und also
   daz iuwer lop da enzwischen stiget unde sweibet ho.
   Si iuwer werdekeit dekeinen boesen zagen swaere,
 5 fürsten meister, daz si iu als ein unnütze dro.
   Getriuwer küneges pflegaer(e), ir sit hoher maere,
   keisers eren trost baz danne ie kanzelaere,
   drier künege und einlif tusent megde kameraere.

3 Swes leben ich lobe, des tot den wil ich iemer klagen: L. 85, 9 (C 39)
   so we im der den werden fürsten habe erslagen
   von Kölne! owe des daz in diu erde mac getragen!
   Ine kan im nach siner schulde keine marter vinden:
 5 im waer(e) alze senfte ein eichin wit umb sinen kragen.
   In wil sin ouch niht brennen noch zerliden noch schinden
   noch mit dem rade zerbrechen noch ouch dar uf binden,
   ich warte allez ob diu helle in lebende welle slinden.

4 Si fragent mich vil dicke, waz ich habe gesehen, L. 84, 14 (C 35)
   swenn ich von hove rite, und waz da si geschehen:
   ich liuge ungerne, und wil der warheit halber niht verjehen.
   Ze Nüerenberc was guot gerihte, daz sage ich ze maere;
 5 umb ir milte fraget varndez volc: daz kan wol spehen.
   Die seiten mir, ir malhen schieden dannen laere:
   unser heimschen fürsten sin so hovebaere,
   Liupolt eine müeste geben, wan daz er ein gast da waere.

5 Ich traf da her vil rehte drier slahte sanc: L. 84, 22 (C 36)
   den hohen und den nidern und den mittelswanc,
   daz mir die rederichen iegesliches sagten danc.
   Wie könde ich der drier einen nu ze danke singen?
 5 der hoh der ist mir ze starc, der nider gar ze kranc,
   der mittel gar ze spaehe an disen twerhen dingen:
   hilf mir, edeler küneges rat, da enzwischen swingen,
   daz wir alle ein ungehazzet liet zesamene bringen.

   2, v. 6 künig ist pflegere C;
   3, v. 3 des Kr.: fehlt in C.
   4, v. 7 heimlichen fursten sint C: verb. von L.;   v. 8 de Lupolt C; ein streicht Kr.
   5, v. 1 Ich drabe C: traf L.;   v. 3 rederiche iegesliche sagen C;   v. 4 so Kr.: eime nu ze dank gesingen C;   v. 5 hohe C;   v. 7 Nu hilf C; swingen Kr.: dringen C;   v. 8 wir als e Kr. nach Bodmer.

6   Mehtiger got, du bist so lanc und bist so breit, L. 10, 1 (B 1; C 4)
gedaeht wir da nach daz wir unser arebeit
verlüren! dir sint ungemezzen maht und ewekeit.
Ich weiz bi mir wol daz ein ander ouch dar umbe trahtet:
5 sost ez, als ez ie was, unseren sinnen unbereit.
Du bist ze groz, du bist ze kleine: ez ist ungahtet,
tumber gouch, der dran betaget oder benahtet:
wil er wizzen daz nie wart gepredjet noch gepfahtet?

7   Rich, herre, dich und dine muoter, megde kint, L. 10, 9 (B 2; C 5)
an den die iuwers erbelandes vinde sint;
la dir den kristen zuo den heiden sin also den wint.
Du weist wol daz die heiden dich niht irrent alters eine:
5 an der rache gegen in herre vater niht erwint.
Wan si meinent dich mit ganzen triuwen kleine:
die sint wider dich doch offenliche unreine,
dise unreiner, diez mit in so stille habent gemeine.

8   Solt ich den pfaffen raten an den triuwen min, L. 10, 25 (B 4; C 7)
so spraeche ir munt den armen zuo „se daz ist din",
ir zunge sunge und lieze ir hant vil manegem man daz sin.
Gedaehten daz ouch si durch got e waren almuosnaere:
5 do gap in erst geltes teil der künic Constantin.
Het er gewest daz da von übel künftic waere,
so het er wol underkomen des riches swaere,
wan daz si do waren kiusche und übermüete laere.

9   Min alter klosenaere, von dem ich do sanc, L. 10, 33 (B 5; C 8)
do uns der erre babest also sere twanc,
der fürhtet aber der goteshuse, ir meister werden kranc.

6, v. 1 das zweite bist fehlt in B;   v. 2 gedaeht Kr.: gedaehten BC;
v. 3 niht verlúren dir sint beidú ungemessen BC; verb. von Kr.;   v. 5 So
ist es BC;   v. 7 daran BC; betage B;
    7, v. 1 der megde BC;   v. 3 haiden baide sin BC; also Kr.: alse B: als C;
v. 4 hat C mit v. 6 vertauscht; Kr. folgt darin C und streicht alters gegen
beide Hss.;   v. 5 an diner r. BC; der Vers und der folgende fehlen in B;
v. 6 Kr. stellt ihn als v. 4 und fügt vor dich beide ein;   v. 8 unrainer B:
unreine C.
    8, v. 2 munt Mi.: hant BC; ich ir B;   v. 3 sunge C: singe B; ir hant vil
setzt Kr. gegen BC zu;   v. 4 e L.: fehlt BC;   v. 5 in erste geltes teil L.-Kr.:
in erste gelt B: ir erste teil C;   v. 7 wol setzt L. zu gegen BC.
    9, v. 1 do Kr.: so BC;   v. 2 erre B: irre C;   v. 3 goteshuserere BC;

Er seit, ob si die guoten bannen und den übeln singen,   L. 11, 1
     ⁵ man swenk(e) in engegene den vil swinden widerswanc.
An pfrüenden und an kirchen müge in misselingen:
der si vil die dar uf iezuo haben gedingen
dazs ir guot verdienen umb daz riche in liehten ringen.

10   Swer an des edeln lantgraven rate si   L. 85, 17 (C 40)
dur sine hübscheit, er si dienstman oder fri,
der mane in umb min leren so daz ich in spür da bi.
Min junger herre ist milt erkant, man seit mir er si staete,
     ⁵ dar zuo wol gezogen: daz sint gelobter tugende dri.
Ob er die vierden tugent willeclichen taete,
gienge er ebne und daz er selten missetraete,
waer unsumic: sumen schat dem snit und schat der saete.

11   Bot, sage dem keiser sines armen mannes rat,   L. 10, 17 (B 3; C 6)
daz ich deheinen bezzern weiz als ez nu stat,
ob ieman guotes unde liute in erbeiten lat.
So var er balde und kome uns schiere, laze sich niht toeren,
     ⁵ irr(e) etlichen ouch der got und in geirret hat.
Die rehten pfaffen warne, daz si niht gehoeren
den unrehten die daz riche waenent stoeren,
scheides von in, oder scheides alle von den koeren.

13. Der König Heinrichston (Rügeton, 1228)

1   Selbwahsen kint, du bist ze krump,   sit nieman dich gerihten
                                                                   mac. L. 101, 23 (C 109)
du bist den besmen leider alze groz,

    10, v. 6 tugent L.: tugende C;   v. 7 so gienge er C;   v. 8 sumen Kr.:
sumunge C.
    11, v. 1 Bot L: Botte BC;   v. 3 ob in g. u. l. nieman erb. l. BC; ieman
L.;   v. 4 sich B: si C;   v. 5 i. etelichen ouch L.: i. ouch e. BC; Bartsch
und Wackernagel bleiben hier bei den Hss. und lesen girret (B geierret, C
geirret).

DER KÖNIG HEINRICHSTON

  4/5 den swerten alze kleine, nu slaf und habe gemach.
  Ich han mich selben des ze tump, daz ich dich ie so hohe wac.
  ich barc din ungefüege in friundes schoz;
  9/10 din leit bant ich ze beine, min rugge ich nach dir brach.
  Nu si din schuole meisterlos an miner stat, ich kan dir niht:
  kan ez ein ander, deis mir liep, swaz liebes dir da von geschiht.
  doch weiz ich wol, swa sin gewalt ein ende hat,
  da stet sin kunst ouch sunder obedach.

2 Diu minne lat sich nennen da dar sie doch niemer komen wil.
  si ist den toren in dem munde zam   L. 102, 1 (C 110; a 30)
  4/5 und in dem herzen wilde: hüet iuwer, guoten wip!
  Vor kinden bergent iuwer ja, so enwirt ez niht ein kindes spil.
  minn unde kintheit sint ein ander gram:
  9/10 vil dicke in schoenem bilde man sihet valschen lip.
  Ir sult e spehen, war umbe, wie, wenn unde wa und rehte weme
  ir iuwer minneclichez ja so teilet mite daz ez iu zeme.
  sich, minne, sich, swer also spehe, der si din kint,
  so wip so man: die andern du vertrip.

3 Ich was durch wunder uz gevarn, do vant ich wunderlichiu dinc.
  ich vant die stüele leider laere stan,   L. 102, 15 (C 111)
  4/5 da wisheit, adel und alter gewaltic sazen e.
  Hilf frouwe maget, hilf megde barn, den drin noch wider in
                   den rinc.
  la si niht lanc ir sedeles irre gan:
  9/10 ir kumber manicvalter tuot mir von herzen we.
  Ez hat der tumbe riche nu ir drier stuol, ir drier gruoz:
  owe daz an ir drier stat dem einen man nu nigen muoz!
  des hinket reht und truret zuht und siechet schame:
  diz ist min klage. noch klagte ich gerne me.

1, v. 5 unde L.; v. 10 minen C; v. 11 in kan (statt ich kan) C; v. 12 deis L.: bas das ist C; v. 13 und 14 sin L.: din C; v. 14 ouch sunder obedach Kr.: nach súnden obedach C: nach sünden ane dach L.
2, v. 3 demme torin a; v. 5 Huotin a: Nu huetet ir úch reinen wib C; hüetet iuwer L.; v. 6 torin a; v. 9/10 Man sihet dicke in schonin bilde falsin lip a; vil dike in schonem bilde siht man leider valschen lip C (und so L.); v. 11 wie und wa vertauscht a; rehte unde weme C; v. 12 ja so C: lachen a; iu zeme L.: u zheme a: gezeme C; v. 13 swer C: der a; v. 14 So man so wip C; danderin a.
3, v. 5 gwaltecliche L.: vil gewaltic Wa. Kr.; v. 9/10 manigvalt der C: manicfalter Der L.; v. 12 das man dem einen an ir drier stat nu C: gebessert von Wa.

14. Die sogenannte „Elegie"

1 Ouwe war sint verswunden   alliu miniu jar! L. 124, 1 (C 439; E 212)
   ist mir min leben getroumet,   oder ist ez war?
   daz ich ie wande ez waere   was daz (allez) iht?
   dar nach han ich geslafen   und enweiz es niht.
  5 nu bin ich erwachet   und ist mir unbekant
   daz mir hie vor was kündic   als min ander hant.
   mich grüezet maneger trage   der mich bekande e wol.
   diu welt ist allenthalben   ungenaden vol.
   (daz) liute und lant dar innen   von kinde ich bin erzogen,
10 die sint mir worden frömde   als ob ez si gelogen.
   die mine gespilen (e) waren,   die sint (nu) traege und alt.
   gebreitet ist daz velt,   verhouwen ist der walt.
   wan daz daz wazzer fliuzet   als ez wilent floz,
   für war min ungelücke   wande ich wurde groz,
15 als ich gedenke an manigen   wünneclichen tac,
   die mir sint enpfallen   sam in daz mer ein slac.
   iemer mere ouwe!

2 Ouwe wie jaemerliche   junge liute tuont,   L. 124, 18 (C 440)
   den e vil wünnecliche   ir gemüete stuont!
   die kunnen niuwan sorgen,   ouwe wie tuont si so?

   1, v. 1 wa E; alle mine CE;   v. 2 Ist min leben mir C;   v. 3 ez Kr.: daz iht CE; daz ich hie vor wande daz waere was daz iht? Brinkmann; allez fügt Kr. ein;   v. 6 hie fehlt in E;   v. 7/8 stehen in CE als 13/14; ich folge Kraliks Umstellung;   v. 9 daz erg. Kral.; dar innen: dannen ich CE: danne ich E: dar inn ich Kr.: da-ich von L.: da wilent Kral.; von kinde ich Kral.; erzogen L.: geborn CE;   v. 10 frömde worden reht als ob ez CE: worden frömde reht als ez Kr.: worden fremede als ob ez Kral.; gelegen C;   v. 11 bei mine bricht E ab; e ergänzt Kral.; nu erg. Kral.;   v. 12 Bereitet C: gebreitet Rieger u. Brinkmann: Vereitet L.: Daz velt hie sin erbouwen Kral.; verh. wart d. w. Kral.;   v. 13 Niuwan Kral.; Punkt nach floz Kral.;   v. 14 Für war ich wande min ungelücke C, umgestellt von Kr.;   v. 16 als in des mer ein flac C: als in daz mer ein slac Kr.: sam in den wac min slac Kral.: rehte als in daz m. e. s. Brinkmann: sam so in Huisman: gar als in L.
   2, v. 2 Den nu vil núwekliche C: hovelichen Kr.: nu vil riuwecliche L.: wünneclichen Brinkmann: den doch e daz gemüete vil hoveliche stuont Kral.;

swar ich zer werlte kere,   da ist nieman fro.
5 nu merkent wie den frouwen   ir gebende stat,   (L. 24)
ja tragent die stolzen ritter   dörpelliche wat.   (25)
tanzen, (lachen), singen   zergat mit sorgen gar,   (22)
nie kristen man gesaehe   so jaemerliche schar.   (23)
uns sint unsenfte brieve   her von Rome komen,
10 uns ist erloubet truren   und fröide gar benomen.
daz müet mich inneclichen,   wir lebten e vil wol,
daz ich nu für min lachen   weinen kiesen sol.
die vogel in der wilde   betrüebet unser klagen,
waz wunders ist (darumbe)   ob ich da von verzage?
15 (we), waz spriche ich tumber   durch minen boesen zorn,
swer dirre wünne volget,   der hat si dort verlorn.
iemer mer ouwe!

3   Ouwe wie uns mit süezen   dingen ist vergeben!   L. 124, 35 (C 441;
    ich sihe die bittern gallen   in dem honege sweben.   w^x 1)
    diu Welt ist uzen schoene   wiz, grüen unde rot,
    und innan swarzer varwe,   vinster sam der tot.
5   swen si nu habe verleitet,   der schouwe sinen trost,
    er wirt mit swacher buoze   grozer sünde erlost.
    dar an gedenkent, ritter,   daz ist iuwer dinc!   L. 125, 1
    ir tragent die liehten helme   und manegen herten rinc.
    dar zuo die vesten schilte   und diu gewihten swert.
10 wolte got, ich waere   der segenunge wert.

2, v. 5/6 L. 24/5 stelle ich mit Kralik vor L. 22/3;   v. 6 Die stolzen ritter tragent C: tragent an Kr.: ja tragent die stolzen herren Kral.;   v. 7 lachen fehlt C;   v. 8 gesach C: nie kein kristen man gesach Kr.: nien sahen kristen liute Kral.; so jemerliche jar C: schar L.;
v. 11 inneclichen sere C: mich harte sere Kral.; e Brinkm. u. Kral.: ie C und L.-Kr.;   v. 13 Die wilden vogel C: die w. v. die L.: die wilden kleinen vogele Brinkmann: ich waen die wilden vogele Kral.: die vogel in der wilde Kr.;   v. 14 so Kralik: darumbe fehlt in C; statt dessen erg. L. da bi: waz wunders ist ob ich   da von so gar verzage Brinkm.: waz wunders ist ob ich da von   an fröiden gar verzage Kr.;   v. 15 Was spriche ich tumber man C: we erg. Kr.: Waz sprach ich notec tore Kral.;   v. 16 der hat C und L., Brinkmann: hat Kr., jene dort C: si dort Kralik.
3, v. 2 so Brinkmann: die bittern gallen mitten in C: die gallen mitten in Kr.;   v. 5 verleitet habe C: habe verleit L.: habe verleitet Kr.;   v. 7 daz ist w: es ist C;   v. 9 und die C w;   v. 10 Wolte got wer ich C: Wolde got wen wer ich w; wan waere ich Kr.: got, waer ich L.; sigenünfte C: segenunge w;

so wolte ich armman notec   verdienen richen solt:
jan meine ich niht die huoben   noch der herren golt.
ich wolte saelden krone   eweclichen tragen,
die mohte ein soldenaere   mit sime sper bejagen.
15 möht ich die lieben reise   gevaren (noch) über se,
so wolte ich denne singen   wol únd niemer 〈 ouwe.
niemer 〉 mer ouwe!

15. Aufforderung zum Kreuzzug

1 We waz eren sich ellend(e)t von tiuschen landen! L. 13, 5 (B 9; C 12)
   witze unde manheit, dar zuo silber und daz golt,
   swer diu beidiu hat, belibet der mit schanden,
   we wie den vergat des himeleschen keisers solt!
5 Dem sint die engel noch die frowen holt.
   armman zuo der werlte und wider got,
   wie der nu fürhten mac ir beider spot!

2 We ez kumt ein wint, daz wizzent sicherliche,   L. 13, 12 (C 13)
   da von hoeren wir nu beide singen unde sagen:
   (der) sol mit grimme ervaren elliu künicriche,
   hoere ich wallaere unde pilgerine klagen.
5 Die boume, türne ligent vor im zerslagen,
   starken liuten waet erz houbet abe,
   nu suln wir fliehen hin ze gotes grabe.

8, v. 11 ich notig man C w und L., Brinkmann: ich notec tore Kral.: ich notic armman Kr.;   v. 12 Joch C: Ja ne w (letztes Wort in w);   v. 13 selbe crone C: saelden krone L.;   v. 14 möhte ein soldener C und L.: mohte ein soldenaere Kr.;   v. 15 noch erg. Kralik;   v. 16/17 wol unde niemer mer ouwe C: L. läßt infolgedessen Zeile 17 weg; Kr. schreibt: singen wol / und niemer mer ouwe, / niemer mer ouwe: singen   wol und ... Brinkmann: Wol dan wold ich nu singen   und niemerme ... Kralik.
1, v. 1 Owe BC; Kr. streicht von, das L. nur eingeklammert hatte;   v. 2 daz fehlt C;   v. 3 belibet der L.: der belibet BC;   v. 4 we L.: fehlt C;   himeleschen L: fehlt BC;   v. 6 zuo L: ze BC;   v. 7 nu fehlt BC.
2, v. 1 Owe fehlt C;   v. 2 hoerent beide B: wir hoeren b. C;   v. 4 daz hoere ich C;   v. 5 Die fehlt C;   v. 6 so L.: weiet er dú h. C;

3 We wir müezgen liute, wie sin wir versezzen   L. 13, 19 (B 10; C 14)
   zwischen zweien fröiden an die jamerlichen stat!
   aller arebeite heten wir vergezzen,
   do uns der kurze sumer sin gesinde wesen hat.
 5 Der brahte uns varnde bluomen unde blat.
   do trouc uns der kurze vogelsanc:
   wol im der ie nach staeten fröiden ranc!

4 We der wise die wir mit den grillen sungen   L. 13, 26
   do wir sulten warnen gegen des kalten winters zit!
   daz wir tumben mit der ameisen niht rungen,
   diu vil werdecliche bi ir arebeiten lit!
 5 Daz was ie sicherlich der welte strit.
   toren schulten ie der wisen rat:
   wan siht wol dort, wer hie gelogen hat.

16. Herrendienst

1 Mirst diu ere unmaere   L. 102, 29 (C 117)
   da von ich ze jare wurde unwert,
   und ich klagende waere
   „we mir armen hiure! diz was vert."
 5 Also han ich manchen kranz verborn
   und bluomen vil verkorn.
   jo braeche ich rosen wunder, wan der dorn!

2 Swer sich so behaltet   L. 102, 36 (C 118)
   daz im nieman niht gesprechen mac,
   wünnecliche er altet,   L. 103, 1
   im enwirret niht ein halber tac.
 5 Des ist fro, swenne er ze tanze gat,
   swes herze uf ere stat.
   we im, des sin geselle unere hat!

3, v. 1 Owe BC;   v. 2 fröiden nider an BC; zwein und nider str. Wa. u. Kr.; L. klammert zwein ein, str. nider;   v. 4 den sumer Wa., Kr.: der kunze sumer BC;   v. 6 truog B;
4, v. 1 We C: Uve B; geschehe der w. BC;   v. 2 wir uns BC; des kalten w. BC: kalter str. Wa. u. Kr.;   v. 3 wir vil t. BC;   v. 4 Diu nu vil werdecliche BC; Diu vil werde L.;   v. 5 ie der welte str. BC: ie der w. meiste str. L. (Anm.) u. Kr.;   v. 7 wer Wa.: swer BC.
2, v. 5 Des Wa.: Der C.

3 Wan sol iemer fragen   L. 103, 6 (C 119)
von dem man, wiez umb sin herze ste.
swen des wil betragen,
der enruochet wie diu zit zerge.
5 Maneger schinet vor den frömden guot,
und hat doch valschen muot.
wol im ze hove, der heime rehte tuot!

17. Tegernsee

Man seit mir ie von Tegerse,   L. 104, 23 (C 123)
wie wol daz hus mit eren ste:
dar kerte ich mer dan eine mile von der straze.
Ich bin ein wunderlicher man,
5 daz ich mich selben niht enkan
verstan und mich so vil an frömde liute laze.
Ich schiltes niht, wan got genade uns beiden:
ich nam do wazzer, also nazzer
muost ich von des münches tische scheiden.

3, v. 3 Dar umbe kerte C: dar L.;   v. 5/6 niht enkan verstan L.: niht entstan C;   v. 7 schiltes L.: schilte sin C.

18. Einst und Jetzt

Ich sach hie vor eteswenne den tac,   L. 85, 25 (C 41)
daz unser lop was gemein allen zungen.
Swa uns dehein lant iender nahe lac,
daz gerte suone oder ez was betwungen.
5 Richer got, wie wir nach eren do rungen!
do rieten die alten und taten die jungen.
nu krumbe und tumbe die rihtaere sint,
diz bispel ist mangem ze merkenne blint;
waz nu da von geschehe, meister, daz vint!

v. 3 gelac Kr. nach L.s Anm.;   v. 7 Nu krumbe unde tumbe unser r. s. Kr.: Nu krumb die rihter sint C;   v. 8 mangem erg. Kr.;   v. 9 Swaz C: waz nu geschehe da von Kr.

19. Rechte Milte

Daz milter man gar warhaft si, L. 104, 33 (A 104; C 365)
geschiht daz, da ist wunder bi.
der groze wille der da ist,
wie mac der werden verendet? L. 105, 1
₅ Des war da hoeret witze zuo
und wachen gegen dem morgen fruo
und anders manec schoener list,
daz ez iht werde erwendet.
Der also tuot
10 der sol den muot
an riuwe selten keren.
mit witzen sol erz allez wegen,
und laze got der saelden pflegen.
so sol man stegen
15 nach lange wernden eren.

20. Kinderzucht

1 Nieman kan mit gerten L. 87, 1 (C 47; a 40, 1–4)
   kindes zuht beherten.
   den man zeren bringen mac,
   dem ist ein wort als ein slac.
 ₅ dem ist ein wort als ein slac,
   den man zeren bringen mac.
   kindes zuht beherten
   nieman kan mit gerten.

2 Hüetent iuwer zungen, L. 87, 9 (C 48)
   daz zimt wol dien jungen.
   stoz den rigel für die tür,
   la kein boese wort dar für.
 ₅ la kein boese wort dar für,

v. 4 wesen v. L.; gendet Kr.; v. 13 selde C; v. 15 langer A.

1, v. 1 mach α; v. 2 erherten α; v. 3 Wer sich seluer priemen mach α; zeron C; v. 6 zeron C; v. 7/8 hat C kindes zuht *mit* nieman kan *vertauscht.*

2, v. 1 úwerre C; v. 4 und 5 La dekein C.

   stoz den rigel für die tür.
   daz zimt wol dien jungen:
   hüetent iuwer zungen!

 3 Hüetent iuwer ougen   L. 87, 17 (C 49)
   offenbar und tougen.
   lant si guote site spehen
   und die boesen übersehen.
  5 und die boesen übersehen
   lant si, guote site spehen.
   offenbar und tougen
   hüetent iuwer ougen!

 4 Hüetent iuwer oren   L. 87, 25 (C 51)
   oder ir sint toren,
   lant ir boesiu wort dar in,
   daz guneret iu den sin.
  5 daz guneret iu den sin,
   lant ir boesiu wort dar in.
   oder ir sint toren,
   hüetent iuwer oren!

 5 Hüetent wol der drier   L. 87, 33 (C 50)
   leider alze frier.
   zungen, ougen, oren sint
   dicke schalchaft, zeren blint.
  5 dicke schalchaft, zeren blint
   zungen, ougen, oren sint.
   leider alze frier
   hüetent wol der drier!

3, v. 9 fehlt in C.
4, v. 7 alder C.

III. Anhang 1: Zusatzstrophen zu echten Liedern

1. Zusatzstrophen zum Palästinalied

Nach Str. 1 (L. 15, 5) steht in E und Z:

9 Me dan hundert tusent wunder   L. 138 (E 202; Z 7)
    hie in disem lande sint,
    da kan ich niht me besunder
    von gesagen denne ein kint,
  5 wan ein teil von unser e.
    swem des niht genuoge, der ge
    zuo den juden, die sagent es me.

Nach Str. 3 steht in C und Z, nach Str. 8 in B:

10 Do er sich wolte übr uns erbarmen,   L. 15, 20 (B 14; C 24; Z 9)
    hie leit er den grimmen tot,
    er vil riche durch uns armen,
    daz wir komen uz der not.
  5 daz in do des niht verdroz,
    dast ein wunder alze groz,
    aller wunder übergnoz.

Nach Str. 7 steht in BCE; vor Str. 7 in Z:

11 Unser lantrehtaere tihten   L. 16, 15 (B 17; C 28; E 209; Z 13)
    fristet da niemannes klage,
    wan er wil zestunt da rihten,
    soz ist an dem lesten tage.

9, v. 1 tusent hundert E; v. 2 Die von E; v. 3 So L.: Da von ich nicht me besunden Z: Die kan ich ihte mer besunder E; v. 4 So L.: Kan gesagen als ein kint Z: Unde gehahten denne eine leine kint E; v. 7 es Z: im E.
10, v. 1 wolte fehlt in B; über uns BC: do Z; v. 2 Hie B: Do CZ; v. 3 über uns vil BC; v. 4 Durch daz wir quemen Z; v. 6 Ist daz nicht ein wunder groz Z.
11, v. 1 Unserre BC; lantrihtere rihten EZ; v. 2 Vristet dort Z: Unde envristent dort E; v. 3 Wan fehlt in EZ; da zestunt r. BC: da tzu stunden r. Z: zestunden da r. E: zestunt da Wa., Kr.; v. 4 So ist ez BCZ; letzzesten E;

    5 Swer deheine schult hie lat
      unverebenet, wie der stat
      dort da(e)r pfant noch burgen hat!

Hinter dieser Strophe in E, in C auf dem Rand durch Zeichen hinter die Strophe 8 gestellt, in Z hinter Strophe 7:

12   Nu lat iuch des niht verdriezen   L. 16, 22 (C am Rande hinter
     daz ich noch gesprochen han;   L. 16, 35; E 210; Z 15)
     ich wil iu die rede entsliezen
     kurzlich und iuch wizzen lan,
   5 swaz got mit dem menschen ie
     wunders in der werlt begie,
     daz huob sich und endet hie.

2. Zusatzstrophen zu den politischen Liedern

a) Zum Wiener Hofton

14   Künc Constantin der gap so vil,   L. 25, 11 (C 306)
     als ich ez iu bescheiden wil,
     dem stuol ze Rome, sper, kriuz unde krone.
     Zehant der engel lute schre:
   5 „owe, owe, zum dritten we,
     e stuont diu kristenheit mit zühten schone.
     Der ist nu ein gift gevallen,
     ir honec ist worden zeiner gallen,
     daz wirt der welt hernach vil leit."
  10 Alle fürsten lebent nu mit eren.
     wan der hoehste ist geswachet,
     daz hat der pfaffen wal gemachet,

11, v. 5 Und swer BC; schulde BCE; hat E: hit B; v. 6 Verebenet E: Ungevrebenet Z; der BCZ: der dort E; v. 7 Da her Z: Do er weder E.
12, v. 1 Ir lat CE: Ir enlat iuch niht L.; des fehlt in CE; v. 2 Des i. n. geredet Z; v. 3 So wil ich die CE (u. L.); v. 4 Kurzwilen vñ ŏch w. l. C: Unde lazen uch verstan Z; v. 5-7 Swaz got wunders hie noch le. Mit dem menschen erbege. Daz huob sich unde lendet he Z: Swaz got mit der welte ie begie. Daz h. s. dort u. e. hie CE: von Kr. gebessert.
14, v. 3 stuol Goldast: stuont C; v. 6 Es C: e L.; v. 7 so L.-Kr.: ein gift nu C;

daz si dir, süezer got, gekleit.
die pfaffen wellent leien reht verkeren.
15 der engel hat uns war geseit.

15 Ich hoere des die wisen jehen,   L. 148 (r 8)
daz ein gerihte sül geschehen,
daz nie deheinez me wart also strenge.
Der rihter sprichet sa zehant:
5 „gilt ane borg und ane pfant."
da wirt des mannes rat vil kurz und enge.
Daz hilf mir, frowe, hie besorgen,
sit daz dort nieman wil borgen,
dur die hoehsten fröude din,
10 die dir der heilige engel zoren brahte,
do er dir ze tragenne gunde
da von sich din fröude erzunde
und unser werndez heil sol sin.
der dir der fröude von alrerste gedahte,
15 des trost si an dem ende min.

b) Zum zweiten Philippston

5 Her Wicman, habt irs ere   L. 18, 1 (A 97; C 125)
daz ir den meistern ritern welt
so meisterliche sprüche?
Latz iu geschehen niht mere,
5 sit daz manz iu zunwitzen zelt.
waz obe her Walther krüche?
Er soltz doch iemer han vor iu,
also der weize vor der spriu.

15, v. 3 so L.: Daz nie kains wart also me so strenge r; v. 8 dort L.:
dert r; v. 11 so L.: ze tragende kunte r; v. 12 so L.: er zunte r;
 5, v. 1 Her volcnant C; habt irs C, Wallner, Kr.: ist der A: ist daz L.;
v. 2 Daz ir C, Wallner, Kr.: Daz man A, L.; den meistern tretten welt C:
die meister irten sol A: die m. irren sol L.: den meistern ritern welt Wall-
ner, Kr.; v. 3 So meisterlichen spreche A: Ir meisterlichen sprüche C:
so meisterlicher sprüche L.: so meisterliche sprüche Kr.; v. 4 Lat ez uch
A; v. 5 Vür war ich uch daz raten sol A: Fürwar ich iu daz rate wol L.;
Wallner u. Kr. folgen C; v. 6 Waz A: Wan C; her W. irruhe A; v. 7 Ir
solt ez A: Er soltz L.; vor uch A; Man heten doch vil bas danne ú C;
v. 8 wetze A; Er ist daz korn ir sit dú sprú C;

singt ir einz, er singet driu,
10 geliche als ars und mane.
Her Walther singet swaz er wil,
des kurzen und des langen vil.
sus meret er der welte spil,
so jagent ir alse ein leitehunt nach wane.

c) Zum König Friedrichston

12 Die wisen ratent, swer ze himelriche welle,   L. 26, 13 (B 29)
daz er e vil wol bewarte und ouch bestelle
den wec, daz iemen druffe habe der in her wider velle.
Ein aehter heizet mort, der schat der straze sere,
5 da bi vert einr in starken bennen, derst geheizen brant.
so sprechents einem wuocher, der hat gar geschant
die selben straze. dannoch ist der wegewerender mere.
Nit unde haz die hant sich uf den wec geleit,
und diu verschampt unmaze gitekeit.
10 dannoch so rennet maneger für, des ich niht han geseit.

13 Durhsüezet und geblüemet sint die reinen frouwen.   L. 27, 17 (C 311)
ez wart nie niht so wünnecliches an ze schouwen
in lüften noch uf erden noch in allen grüenen ouwen.
Liljen unde rosen bluomen, swa die liuhten
5 in meien touwen durh daz gras, und kleiner vogele sanc,
daz ist gein solher wünnebernden fröide kranc,
swa man ein schoene froun siht. daz kan dürren muot erfiuhten,
und leschet allez truren an der selben stunt.
so lieblich lache in liebe ir süezer roter munt
10 und strale uz spilnden ougen schieze in mannes herzen grunt.

5, v. 9 Singet er A: Singent ir C;   v. 10 so Ba. u. Kr.: Ir sit gelich als C: Daz gelichet sich rehte alse A: Dazz sich gel. r. a. L.;   v. 11 waz A; v. 12 kurken C;   v. 13 der w. ir sp. C;   v. 14 leithunt A: valscher hunt C;

12, v. 2 e erg. L., fehlt in B;   v. 3 druffe L.: daruffe B;   v. 8 nit L.: nide B;

13, v. 3 Das erste *noch* erg. L.: fehlt in C; erden L.: erde C;   v. 4 unde erg. L.;   v. 5 vogele L.: vogelin C;   v. 6 gein L.: gegen C; fröide L.: fröiden C;   v. 7 so Wa., Kr.: frowen C: siht schoene frouwen L.; dürren Kr. nach Schönbach: trüeben C und L.;   v. 9 lache L.: lachet C;   v. 10 schieze L.: schiessen C;

14 Vil süeziu frowe hohgelopt mit reiner güete, L. 27, 27 (C 312)
din kiuscher lip git wünneberndez hohgemüete,
din munt ist roeter danne ein liehtiu rose in touwes flüete.
Got hat gehoehet und geheret reine frouwen,
5 daz man in wol sol sprechen unde dienen zaller zit.
der werlde hort mit wünneclichen fröuden lit
an in, ir lob ist luter unde klar; man sol si schouwen.
Für truren und für ungemüete ist niht so guot,
als an ze sehen ein schoene frowen wol gemuot,
10 so si uz herzen grunde ir friunde ein lieblich lachen tuot.

15 Ich trunke gerne da man bi der maze schenket, L. 29, 25 (B 34; Z 19)
und da der übermaze niemen niht gedenket,
sit si den man an libe, an guot und an den eren krenket.
Si schat ouch an der sele, hoere ich jehen die wisen.
5 des möht ein ieglich man von sinem wirte wol enbern.
liez er sich vollecliche bi der maze wern,
so möht ime gelücke, heil und saelde und ere uf risen.
Diu maze wart durch daz den liuten uf geleit,
daz man si ebene maeze und trüege, ist mir geseit.
10 nu habe er danc, ders ebene mezze und der si ebene treit.

16 Er hat niht wol getrunken der sich übertrinket. L. 29, 35 (B 35; Z 18)
wie zimt biderbem man, daz ime diu zunge hinket
von wine? ich waene er houbetsünde und schande zuo im wirket.
Im zaeme baz, möht er gebruchen sine füeze, L. 30, 1
5 daz er ane helfe bi den liuten möhte stan.
swie sanfte man in trüege, er möhte lieber gan.

14, v. 2 wünne erg. L., fehlt in C; v. 3 flüete L.: bluete C; v. 6 lit L.: git C; v. 9 frowen L.: frowe C; v. 10 so si L.: Swenne si C;
15, v. 2 so Singer u. Kr.: Und da man uber maze nicht Z: Und der unmaze niemen iht B: unmaze niemen iht L.; v. 3 si B: ez Z; liebe Z: lip B; an eren Z; v. 4 Si B: Ez Z; hoere ich die w. j. B: von L. umgestellt, was Z bestätigt; v. 5 Des B: Ez Z; ieglich B: sinrich Z; wirte B: vrende Z; v. 6 Lezet er Z; mit der m. Z; v. 7 So mac Z; und alle selde of r. Z; v. 8 wart den liuten darumbe B; v. 9 so Singer u. Kr.: mezze u. trage L.: ebene messe ist B: ebene truoge so ist Z; v. 10 danc swer si Z;
16, v. 1 Herne hat Z; v. 2 so Mi. u. Kr.: zimt das ainem biderben B: z. aynem b. Z: Wie zimet daz b. L.; diu B: sin Z; v. 3 er sunden unde houbetscanden winket Z; v. 4 baz daz er gebruchen müchte syner vuoze Z; v. 5 hulfe Z; v. 6 Swie Z: Wie B;

des trinke ein iegeslicher man, daz er den durst gebüeze.
Daz tuot er ane houbetsünde und ane spot.
swer also vil getrinket daz er sich noch got
10 erkennet niht, da mit hat er gebrochen sin gebot.

17 Swer staetes friundes sich dur übermuot beheret, L.30,29 (A 109
und er den sinen dur des fremeden ere uneret, des Truchsezzen
der möhte ersehen, wurd er von sinem hoehern ouch geseret, von
daz diu gehalsen friuntschaft sich vil lihte entrande, St. Gallen
5 swenn er sich libes unde guotes solde umb in bewegen. C 320)
wir han vereischet, die der wenke hant gepflegen,
daz si der kumber wider uf die erborne friunt gewande.
Daz sol an gotes lebeu dicke noch geschehen.
ouch horte ich ie die hiute des mit volge jehen:
10 „gewissen friunt, versuochtiu swert sol man ze noeten sehen".

18 Ich wil niht me den ougen volgen noch den sinnen. L. 31, 3 (A 110
diu rieten mir an zwei, daz ich diu solde minnen, des Truchsezzen
diu waeren ane valsch geworht beide uzen unde och innen. von
Do was ein wenec in geleit, daz was niht staete; St. Gallen)
5 des vielten sich ir egge, do si solten han gesniten,
und waere eht niht wan daz alleine drinne vermiten,
so waerens allenthalben alse ganz an ir getaete,
daz sich ein iegeslicher möhte lazen dran.
owe daz ich der trüge ie künde an in gewan!
10 wie übel ich mich des schaden fröuwe und in des lasters gan!

16, v. 7 des Kr.: Sus B u. L.: Dar umme Z; eymetzlich Z; v. 9 so
Singer u. Kr. nach Z: Swelche man getr. B: Swelch man so vil L.; v. 10
so Singer u. Kr. nach Z: Erk. so hat er gebr. ime sin hoch gebot L. nach
B;
17, v. 1 so L.-Kr.: Swer sich des steten (des stetez A) fr. AC; v. 3 sinē
C; v. 5 liebes A; v. 6 Ich han *mit Lücke statt* vereischet A; v. 7 so
Wa., Kr. nach A: friunde wande L. nach C; Das sich C; erbornen A;
v. 8 sol nach gotes C u. L.: sol von g. A: sol an g. Kr.; lene C; dike wol
noch C; v. 9 ie fehlt in C; mit volge des dú lúte A; v. 10 Gewisser
vrúnt A; not A;
18, v. 3 waren A, L.: waeren Kr.; beid Wa., Kr.: beidiu A, L.; v. 4 Do
was Simrock, Kr.: Da wart A, L.; v. 7 so L.: alse gan iz an ir geteti A;
v. 9 gewan L.: genan A; v. 10 fröuwe erg. Kr., fehlt in A; L. erg. schame:

19   Rit od gat ein man gevangen und gebunden?   L. 152 (n I 20)
  treit ieman ganzen lip mit hundert tusent wunden?
  ist ieman lebendic und doch tot? hat ieman daz befunden?
  Ja, daz geschiht von einem unbescheiden wibe:
  5 swa sich ein eren gerender man zuo der gesellet hat,
  der ist gevangen und gebunden (des ist dehein rat)
  und ist ouch wunt und tot an sele und an dem libe.
  Aver ein saelic man mac sich wol freuwen immer me,
  deme got hete gegeben ein reine biderbe wip zer e:
  10 wan ir guete und ir tugent liez ime geschehen niemer we.

20   Swa nu ze hove dient der herre sinem knehte   L. XXIX (Z 21)
  und swa der valke vor dem raben stet ze rehte,
  da spürt man offenliche unart, unadel und ungelehte.
  Du werde ritterschaft, din dinc stet jamerliche,
  5 swa der sester vor dem schilte hin ze hove vert.
  vrou Ere, da sint iuwer snellen sprünge erwert:
  wol uf mit mir, und varen wir da heim in Osterriche!   L. XXX
  Da vinden wir den fürsten wert, der ist iu holt.
  welt ir mich da ze hove leiten alse ir solt,
  10 so wirt gehohet wol din name von mir, werder Liupolt.

21   Swelch man sich gerne vrijen wil von boeser sache,   L. XXX (Z 26)
  dem rate ich daz er sine tugent wol bewache
  und vliehe ouch die da sin gesezzen under schanden dache.
  Weiz got, tuot er des niht, so mac im misselingen
  5 an eren und an wirdekeit. swelch man gern ere hat
  der sol sich machen vri von aller missetat.
  . . . .
  Er ist zer werlde ein saelec man den so sin muot
  getiuret hat daz er daz beste gerne tuot
  10 und sich der schanden hat bewegen: der mac wol heizen guot.

19 so Lachmanns Text, von dem n an folgenden Stellen abweicht: v. 1 ader g. eman; ader gebundin;   v. 5 Wa;   v. 6 is keyn rayt;   v. 7 und tot *fehlt*;   v. 9 hatt; bierve wip zuo der e;   v. 10 geszien nemer keyn we.
  20, v. 5 sester Singer, Kr.: tzester Z;   v. 8 den Kr.: der Z;   v. 9 Wolt . . . also Z: welt . . . alse Kr.: wilt du . . . du solt Plenio;   v. 10 Kr. vermutet st. *werder* nur *hêr;* lippolt Z;
  21, v. 1 Swelich Z;   v. 3 so Kr.: die gesezzen sin under Z;   v. 5 swelich Z;   v. 8 tzuo der w. Z;   v. 10 Unde Z;

d) Zum Bogenerton

13 Swer sich ze friunde gewinnen lat L. 79, 25 (C 279)
und ouch da bi die tugende hat
daz er sich ane wanken lat behalten,
des friundes mac man gerne schone walten.
5 ich han eteswenne friunt erkorn
so sinewel an siner staete,
swie gerne ich in behalten haete,
daz ich in muoste han verlorn.

14 Swer mir ist slipfic als ein is L. 79, 33 (C 280)
und mich ufhebt in balles wis,
sinewell ich dem in sinen handen,
daz sol zunstaete nieman an mir anden,
5 sit ich dem getriuwen friunde bin
einloetic unde wol gevieret.
swes muot mir ist so vech gezieret, L. 80, 1
nu sus, nu so, dem walge ich hin.

15 Swelch man wirt ane muot ze rich, L. 81, 23 (C 288)
wil er ze sere striuzen sich
uf sine richeit, so wirt er ze here.
ze rich und zarm diu leschent beide sere
5 an sumelichen liuten rehten muot.
swa übric richheit zühte slucket
und übric armuot sinne zucket,
da dunket mich enwederz guot.

16 Diu minne ist weder man noch wip, L. 81, 31 (C 289)
si hat noch sele noch den lip,
sie gelichet sich dekeinem bilde.
ir nam ist kunt, si selbe ist aber wilde,
5 und enkan doch nieman ane sie
der gotes hulden niht gewinnen
. . . . L. 82, 1
si kam in valschez herze nie.

13, v. 5 friunt L.: fründe C;   v. 8 muoste Wa., Kr.: müeste C, L.;
14, v. 3 so L.: Sinewel ich dē C;   v. 8 dem Wa., Kr.: den L. nach C dē;
15, v. 4 so L.: zearn die löschent C;
16 in C steht nach *nie* (am Ende der Strophe) eine leere Zeile.

17 Ez ist in unsern kurzen tagen   L. 82, 3 (C 290)
nach minne valsches vil geslagen.
swer aber ir insigel rehte erkande,
dem setze ich mine warheit des ze pfande,
5 wolt er ir geleite volgen mite,
daz in unfuoge niht erslüege.
minn ist ze himel so gefüege,
daz ich si dar geleites bite.

e) Zu „Kinderzucht"

6 Nieman ritter wesen mac   L. 88, 1 (C 52)
drizec jar und einen tac,
im gebreste muotes
libes alder guotes.
5 libes alder guotes
im gebreste muotes,
drizec jar und einen tac
nieman ritter wesen mac.

IV. Anhang 2: Zweifelhaftes

a) Schlechte Zeiten

1   Die grisen hant michs überkomen,   L. 121, 33 (C 432; E 135)
     diu werlt gestüende trureclicher nie
     und hete an fröiden ab genomen.
     e streit ich zornicliche wider sie.
    5 si möhtens wol gewalten
     ez wurde niemer war.
     nur was ir rede swar.
     sus streit ich mit den alten;
     die hant den strit behalten
   10 nu lenger denne ein jar.

2   Min ouge michel wunder siht,   L. 122, 4 (C 433; E 136)
     diez wirs verdienen kunnen vil dann ich,
     daz den so schoene heil geschiht.
     ouwe Welt, wie kumt ez umbe dich!
    5 ist got solch ebenaere?
     er git dem einen sin,
     dem andern den gewin.
     so waen ich also maere
     ein richer tore waere
   10 so ich armer wise bin.

3   Hie vor, dos alle waren fro,   L. 122, 14 (C 434; E 137)
     do wolte nieman hoeren mine klage;
     nu ist sümelichen so
     daz si mir wol gelouben swaz ich sage.
    5 nu müeze got erwenden

1, v. 1 so L.-Kr.: Die gr. wolten mich des CE: Si wolten m. d. W.-M.; über kúmmen E: wider striten C;   v. 4 E Kr.: Doch CE L.; zornicliche Wa., Kr.: zornichlichen E: zornliche C u. L.;   v. 5 wol gewalten Kr.: wol gedagen CE: vol gealten L. nach Wa.;   v. 6 so L.: Ez wirt CE;   v. 10 so Wi., Kr.: Nu wol CE, L.;

2, v. 2 so L.: diez vil wirs v. k. d. i. CE;   v. 6/7 so L.: dem einen gewin Dem andern sin CE;   v. 10 so Kr.: So riche so ich armer bin E: So rich als i. a. b. C, L.;

3, v. 1 Hie bevor E; dos E: do wir C;   v. 4 ich in sage CE: L. streicht in;

      unser arebeit,
      und gebe uns saelekeit,
      daz wir die sorge swenden.
      ouwe möht ichz verenden,
   10 ich han ein sunderleit.

b) Jugendspiegel

Vil tumbiu Werlt, ziuch dinen zoum, wart umbe, sich: L. 37, 24 (B 22;
wilt du lan loufen dinen muot, sin sprunc der vellet dich.   C 338)
derst manicfalt in dinem herzen unbekort,
er schadet dir hie und ist ein langer haz der sele dort.
5 La guoten muot den boesen muot von dir vertriben:
minne got, so mahtu fro beliben,
wirp umbe lop mit reinem guote, wellest du genesen,
den boesen solt du iemer gerne unheinlich wesen,
geloube swaz die pfaffen guotes lesen.
10 wilt du daz allez übergülden, so sprich wol den wiben.

c) Herren und Gaukler

Genuoge herren sint gelich den gougelaeren,   L. 37, 34 (C 330)
die behendecliche kunnen triegen unde vaeren.
Der sprichet: „Sich her, waz ist under disem huote?
zucke in uf", da stet ein wilder valke in sinem muote.
5 „Zuck uf den huot", so stet ein stolzer pfawe drunder, L. 38, 1
„zuck in uf", da stet ein merwunder.
swie dicke daz geschiht, so ist ez ze jungest wan ein kra.
friunt, ich erkenne ouch daz, haha haha haha.
hab din valschen gougelbühsen da,
10 waer ich dir ebenstarc, ich slüeges an daz houbet din.
din valewische stiubet in diu ougen min,
ich wil niht mer din blasgeselle sin.
dun wellest min baz hüeten vor so trügelichem kunder.

8, v. 9 so L.: ich C: ez E;   v. 10 so Wa., Kr.: eine sunder leit L.;
   b) v. 1 Tumbe C: Tumbiu L.-Kr.; zon wart umbe sprich B;   v. 3 manig-
valtig B; úmbe hort B;   v. 4 Der vroet dich hie und ist ain werendes
lait der sele dort B;   v. 5 La rehten sin B;   v. 6 Du minne B; fro C:
wol B;   v. 7 mit rehter fuoge und B;   v. 8 Den boesen raeten solt du
gar unhainlich wesen B;   v. 8 swas dir die pf. g. vor gelesen B; was C;
v. 10 Wilt du es danne alles uberg. B; den C: von B;
   c) v. 4 Nu zucke C;   v. 6 Nu zuck C;   v. 7 wan L.-Kr.: niht wan C;
v. 11 valewische L.-Kr.: asche C, L. (urspr.).

d) Schlimme Zeiten

Er ist ein wol gefriunder man, also diu welt nu stat, L. 38, 10 (q 31)
der under zwenzic magen einen guoten friunt getriuwen hat,
der hete man hie vor wol under fünfen funden dri.
So we dir, Welt, du hast so manegen wandelbernden site:
5 er armet an der sele, der dir volget unz anz ende mite,
unt der dir aller diner fuore stat mit willen bi.
Wir klagen alle daz die alten sterbent unde erstorben sint,
wir möhten balde klagen von schulden ander not,
daz triuwe, zuht und ere ist in der welte tot.
10 die liute lazent erben, dise dri sint ane kint.

Konkordanz der Strophenfolge Lachmanns mit der vorliegenden Ausgabe:

Lachm. S.	hier S.	Lachm. S.	hier S.
XXIX/XXX	86	100, 24 f.	20 f.
3, 1 f.	8 f.	101, 23 f.	71 f.
8, 4 f.	27 f.	102, 29 f.	76 f.
10, 1 f.	70 f.	103, 13 f.	40 f.
11, 6 f.	48 f.	104, 23 f.	77
13, 5 f.	75 f.	104, 33 f.	78
14, 38 f.	14 f. u. 81 f.	105, 13 f.	51 f.
16, 36 f.	42 f. u. 82	121, 33 f.	89 f.
18, 29 f.	29 f.	122, 24 f.	23 f.
20, 16 f.	32 f. u. 81	124, 1 f.	73 f.
26, 3 f.	53 f. u. 83 f.	138	80
31, 13 f.	58 f.	148	82
37, 24 f.	90	152	86
37, 34 f.	90		
38, 10 f.	91		
66, 21 f.	21 f.		
76, 22 f.	17 f.		
78, 24 f.	65 f. u. 87 f.		
82, 11 f.	44 f.		
84, 14 f.	68 f.		
85, 25 f.	77		
87, 1 f.	78 f. u. 88		

d) v. 1 also L.: als q; v. 4 site L.: siten q; v. 5 an der sele L.: an selen q; unz anz e. L.: unze ansin e. q; v. 7 alle erg. L.; ur storben q; v. 8 so L., enander q.

Verzeichnis der Strophenanfänge

		Seite
A	Diu minne lat sich nennen da	73
AC	Nieman ritter wesen mac	89
	Sit ich dich niht erwenden mac	22
	Nu wachet! uns get zuo der tac	40
	Ich sach hie vor eteswenne den tac	78
	Swelch man sich gerne vrijen wil von boeser sache	87
	Ahi wie kristenliche nu der babest lachet	63
AG	Wan sol iemer fragen	78
	Swes leben ich lobe, des tot den wil ich iemer klagen	70
	... sich leiden friunden unde magen	47
	Fro Welt, ir sult dem wirte sagen	21
	Ez ist in unsern kurzen tagen	89
	Nu loben wir die süezen maget	66
	Swelch herre nieman niht versaget	68
AL	Wer zieret nu der eren sal	39
	Swer sich so behaltet	77
AM	In nomine dumme ich wil beginnen, sprechent amen	59
AN	Unmaze, nim dich beidiu an	67
	Lat mich an eime stabe gan	22
	Sich wolte ein ses gesibent han	67
	Ein tumber wan den ich zer welte han	25
	Wie sol ein man der niuwan sünden kan	25
	Ir reinen wip, ir werden man	22
	Von Rome keiser here, ir hant also getan	69
	Der anegenge nie gewan	66
	Man hohgemac, an friunden kranc	68
	Min alter klosenaere, von dem ich do sanc	71
	Ich traf da her vil rehte drier slahte sanc	70
	Dar nach was er in dem lande	17
	Do er den tievel do geschande	17
	We waz eren sich ellend(e)t von tiuschen landen	76
	Diu kristenheit gelepte nie so gar nach wane	63
	Ich han des Kerendaeres gabe dicke empfangen	61
	Herzoge uz Osterriche, ez ist iu wol ergangen	58
	Mir hat ein liet von Franken	43
	Di wile ich weiz dri hove so lobelicher manne	64
AR	Ouwe war sint verswunden alliu miniu jar	74
	Ez troumte, des ist manic jar	38
	Mirst diu ere unmaere	77
	Ich han dem Missenaere	52
	Genuoge herren sint gelich den gougelaeren	91
	Der künec min herre lech mir gelt ze drizec marken	57
	Von Rome voget, von Pülle künec, lat iuch erbarmen	56
	Do er sich wolte über uns erbarmen	81

		Seite
	Min sele müeze wol gevarn	24
	Ich was durch wunder uz gevarn	73
	Do Friderich uz Osterrich also gewarp	30
AS	Ein meister las, troum unde spiegelglas	24
AT	Swa der hohe nider gat	47
	Swer sich ze friunde gewinnen lat	88
	Bot, sage dem keiser sines armen mannes rat	72
	Er ist ein wol gefriunder man, also diu welt nu stat	92
	Nu weiz got wol, min lop waer iemer hovestaete	55
	Wir suln den kochen raten	44
AZ	Ich muoz verdienen swachen haz	46
E	Man seit mir ie von Tegerse	78
EB	Ob ieman spreche, der nu lebe	36
	Ouwe wie uns mit süezen dingen ist vergeben	75
EI	Kristen, juden unde heiden	18
	Den diemant den edeln stein	69
	Ich saz uf eime steine	28
	Mehtiger got, du bist so lanc und bist so breit	71
	Ir bischofe und ir edeln pfaffen sit verleitet	62
EH	Welt, ich han dinen lon ersehen	23
	Si fragent mich vil dicke, waz ich habe gesehen	70
	Ich hoere des die wisen jehen	83
	Ich han min lehen, al die werlt, ich han min lehen	59
	Swa nu ze hove dient der herre sinem knehte	87
	Der stuol ze Rome ist nu alrerst berihtet rehte	62
EL	Her Michael, her Gabriel	67
	Hinnen fuor der sun zer helle	17
	Die wisen ratent, swer ze himelriche welle	84
	Ich weiz, wem ich gelichen muoz die hovebellen	61
EN	Mit saelden müeze ich hiute ufsten	34
	Got, dine helfe uns sende	20
	Sagt an, her Stoc, hat iuch der babest her gesendet	63
	Ich trunke gerne, da man bi der maze schenket	85
ER	Diu menscheit muoz verderben	19
	Nu alrest lebe ich mir werde	16
	Her Wicman, habt irs ere	83
	Do Liupolt spart uf gotes vart, uf künftige ere	66
	Schoeniu lant rich unde here	16
	Nu sol der keiser here	53
	Philippe, künec here	44
	Swer staetes friundes sich dur übermuot beheret	86
	Swelch herze sich bi disen ziten niht verkeret	64
	Mir hat her Gerhart Atze ein pfert	41
	Waz wunders in der werlte vert	35
	Nieman kan mit gerten	79
ES	Her babest, ich mac wol genesen	50
	Owe dir, Welt, wie übel du stest	39
EZ	Ich wolt hern Otten triuwe nach der lenge mezzen	57

VERZEICHNIS DER STROPHENANFÄNGE

		Seite
	We wir müezgen liute, wie sin wir versezzen	77
I	Der in den oren siech von ungesühte si	32
	Diu krone ist elter danne der künec Philippes si	30
	Swer an des edeln lantgraven rate si	72
	Daz milter man gar warhaft si	79
IC	Philippes künec, die nahe spehenden zihent dich	31
	Deswar, Reimar, du riuwes mich	46
	Swelch man wirt ane muot ze rich	88
	Rit ze hove, Dietrich	48
	Vil tumbiu Werlt, ziuch dinen zoum, wart umbe, sich	91
	We ez kumt ein wint, daz wizzent sicherliche	76
	Ich han hern Otten triuwe, er welle mich noch richen	57
ID	Her keiser, swenne ir Tiuschen fride	50
IE	Do gotes sun hie in erde gie	51
	Ein schalk, in swelhem namen er si, der dankes triege	58
	Hüetent wol der drier	80
	Uns irret einer hande diet	42
	Nu wil ich mich des scharpfen sanges ouch genieten	60
	Ich horte ein wazzer diezen	28
	Nun lat iuch des niht verdriezen	82
IG	Sit willekomen, her wirt, dem gruoze muoz ich swigen	60
IH	Min ouge michel wunder siht	90
IL	Künc Constantin der gap so vil	82
	Got gibet ze künege swen er wil	51
IN	Solt ich den pfaffen raten an den triuwen min	71
	Ich bin des milten lantgraven ingesinde	65
	Diz kurze leben verswindet	19
	Er hat niht wol getrunken, der sich übertrinket	85
	Vil süeze waere minne	18
	Ich wil niht me den ougen volgen noch den sinnen	86
	Rich, herre, dich und dine muoter, megde kint	71
	Swa guoter hande wurzen sint	42
IP	Wolveile unwirdet manegen lip	68
	Diu minne ist weder man noch wip	88
IR	Der hof ze Wiene sprach ze mir	37
	Wir klagen alle und wizzen doch niht waz uns wirret	61
IS	Swer mir ist slipfic als ein is	88
	Vil wol gelopter got, wie selten ich dich prise	54
	Wer sleht den lewen? wer sleht den risen?	68
	Junc man, in swelher aht du bist	36
	Heiliger Krist, sit du gewaltic bist	25
IU	Liupolt uz Osterriche, la mich bi den liuten	65
O	Von Kölne werder bischof, sint von schulden fro	70
	Hie vor, do alle waren fro	90
OE	In diz lant hat er gesprochen	17
OG	Fro Welt, ich han ze vil gesogen	21
	Die veter habent ir kint erzogen	38
OL	Der Missenaere solde	52

		Seite
	Ich bin dem Bogenaere holt	69
OM	Die grisen hant michs überkomen	90
	Her keiser, sit ir willekomen	49
	Dri sorge habe ich mir genomen	46
ON	Waz eren hat fro Bone	44
	An wibe lobe stet wol, das man si heize schoene	65
OR	Mir ist verspart der saelden tor	37
	Hüetent iuwer oren	80
	Ez gienc eins tages als unser herre wart geborn	31
	Ich hat ein schoenez bilde erkorn	23
OT	Swer ane vorhte, herre got	34
	Walther, du zürnest ane not	21
	Her keiser, ich bin fronebote	50
OU	Ich solt iuch engele grüezen ouch	67
	Hie liez er sich reine toufen	16
	Hüetent iuwer ougen	80
	Ich sach mit minen ougen	29
	Durhsüezet und geblüemet sint die reinen frouwen	84
UE	Vil süeziu frowe hochgelopt mit reiner güete	85
UG	Owe daz wisheit unde jugent	45
UM	Selbwahsen kint, du bist ze krump	72
UN	Rit od gat ein man gevangen und gebunden	87
	Ich han gesehen in der werlte ein michel wunder	56
	Me dan hundert tusent wunder	81
	We der wise die wir mit den grillen sungen	77
	Hüetent iuwer zungen	79
UO	Sit got ein rehter rihter heizet an den buochen	55
	Ouwe wie jaemerliche junge liute tuont	74
	Ich han gemerket von der Seine unz an die Muore	60
	Swer houbetsünde und schande tuot	35

Bei Fragen zur Produktsicherheit wenden Sie sich bitte an:
If you have any questions regarding product safety,
please contact:

Walter de Gruyter GmbH
Genthiner Straße 13
10785 Berlin
productsafety@degruyterbrill.com